MENTES COM MEDO

DA COMPREENSÃO À SUPERAÇÃO

MENTES COM MEDO

DA COMPREENSÃO À SUPERAÇÃO

ANA BEATRIZ B. SILVA

INTEGRARE EDITORA

Publisher
Maurício Machado

Produção editorial e acompanhamento
Miró Editorial

Preparação de texto
Cid Camargo

Revisão de provas
Renata Del Nero
Márcia Lígia Guidin
Renata Nakano

Projeto gráfico de capa e miolo
Alberto Mateus

Diagramação
Crayon Editorial

Foto
Denise Pirolo

ISBN 85-99362-07-0
978-85-99362-07-5

Dados Internacionais de Catalogação na Publicação (CIP)
(Câmara Brasileira do Livro, SP, Brasil)

Silvia, Ana Beatriz B.
Mentes com medo : da compreensão à superação / Ana Beatriz B. Silva. – São Paulo : Integrare Editora, 2006.

1. Ansiedade 2. Medo 3. Pânico - Distúrbios I. Título.

06-6094 CDD-152.46

Índice para catálogo sistemático :

1. Medo : Superação : Psicologia 152.46

Rua Tabapuã, 1123, 7º andar, conj. 71/74
CEP 04533-014 - São Paulo - SP - Brasil
Tel: (55) (11) 3815-3059 / 3812-1557
visite nosso site: www.integrareeditora.com.br

Dedicatória

A MIRIAN PIROLO, minha amiga de ofício, de valores, de fé e de coração.

Agradecimentos

a Mirian Pirolo, por tudo e mais um pouco.
Este livro é nosso.

a Dr. Elson Mota de Moura e Dr. Walker Rodrigues da Cunha, pelos profissionais competentes que são e pela ajuda preciosa.

a Márcia Marques e Fernanda Camacho Rodrigues, pelas idéias e contribuições.

à "Senhora Coragem", por nunca ter me faltado nos momentos mais difíceis.

SUMÁRIO

8 • DICAS PRECIOSAS E NÃO-MEDICAMENTOSAS PARA SUPERAR A ANSIEDADE

9 • DE ONDE VEM ISSO?

Quem nunca sentiu medo que atire a primeira pedra

Quer saber de uma coisa? Todo mundo tem medo, uns têm medinhos, outros medões, mas no fundo tudo é medo puro e simples. Sentimos medo de manhã, às vezes à tarde e muito mais à noite, não necessariamente nessa ordem.

MEDO de não ver o pôr-do-sol, de não poder ir à praia no domingo, de jogar a bola para fora do gol, da areia quente, de que o chope esquente ou a onda se arrebente.

MEDO de cair, de sair, de se divertir, da felicidade, da fatalidade, da bala perdida, da fome, de ter e de perder, seja lá o que for!

MEDO de trair e ser traído, de perder o grande amor, de amar e não ser amado, de dizer adeus, de partir, de mudar, de renovar, de dizer eu te amo!

MEDO de bruxa, do escuro, do bicho-papão, do vento, da ventania, do relâmpago e do trovão.

MEDO da morte: a sua, do seu amigo, do seu filho e a dos seus pais.

MEDO de esquecer o que foi bom, de enlouquecer, de não viver, do prazer, de querer sempre mais e nunca mais parar de querer.

MEDO do terror, dos terroristas, dos que manipulam os horrores humanos, dos que adoram o poder, de não poder com esse tipo de gente.

MEDO de envelhecer, das rugas, dos cabelos brancos, da osteoporose, da menopausa, da calvície, de virar pó e da certeza de que a vida é uma só.

MEDO de experimentar coisas novas, umas melhores e outras piores, mas o que vale é o movimento, somente o que está morto não se move.

MEDO de olhar no espelho; do fracasso, da decadência, da não-reação, do marasmo, da acomodação.

MEDO de falar a verdade, de não ter verdades pelas quais lutar, de magoar, de brigar, de perdoar.

MEDO de não ter o filho desejado, de não vê-lo crescer, de vê-lo adoecer, de não vê-lo feliz.

MEDO do chefe que grita, que não elogia, que não explica, que não brinca, que só xinga, que assedia.

MEDO da solidão, da rejeição, do telefone que não toca, da palavra não dita, do "mico" não pago, da alucinação da paixão, do beijo não roubado, da dor do amor não correspondido, das velas não apagadas, do grito não ecoado depois do sexo em perfeita comunhão.

MEDO da diferença, da indiferença, da arrogância, do desprezo, da ignorância, do preconceito, do politicamente correto, do jeitinho brasileiro, da corrupção, da inflação, da humilhação, da falta de profissionalismo dos políticos, da inveja, da tristeza, das escolhas, do seu corpo, do passado, do presente e do futuro.

MEDO de gastrite, otite, sinusite, faringite, meningite, hepatite, celulite e tudo o que é "ite".

MEDO da responsabilidade, da liberdade, da igualdade, da fraternidade, do recomeço, de cantar, de dançar, das crenças, das encrencas, de dar e receber opinião, de ter voz e voto, de não ter voz e voto, de aturar gente de má índole, de má vontade e sem educação.

MEDO de casar, de se divorciar, de casar de novo, de não poder mais voltar. Medo de se perder, de endurecer o coração, de não sonhar e de nunca mais se achar.

MEDO de errar, de não ter o que dizer, de falar demais, de se calar diante da covardia, de engolir o choro da emoção, de não crer e não ter fé em Deus, em si e na vida.

MEDO da enchente, de não gostar de gente, do ladrão, de não ser o único e virar nenhum na multidão.

MEDO de pensar "inho" e acabar tendo uma vidinha cercada de gentinha, de perder o emprego, de nunca mudar de emprego por puro medo da mudança, medo da mediocridade e da maldade.

MEDO da ditadura, do neoliberalismo, do comunismo, do nazismo, do radicalismo, da guerra, da bomba de Hiroshima, de Nagasaki, do tsunami, do Katrina, da chacina, da rebelião, do vandalismo, da escravidão, da sofreguidão, da falta de poesia, da realidade nua e crua.

E, por fim, o medo de não ter coragem para enfrentar tudo isso, mesmo que isso não tenha fim...

ANA BEATRIZ BARBOSA DA SILVA

Uma grata surpresa

Quando fui procurado por Ana Beatriz B. Silva e Maurício Machado, da Editora Integrare, fiquei surpreso e honrado: ambos propuseram que uma parte da venda do livro *Mentes com medo: da compreensão à superação* fosse doada ao Ambulatório de Ansiedade do Instituto de Psiquiatria da Faculdade de Medicina da USP (AMBAN).

Iniciativas como essa não são comuns em nosso meio, eis aí a surpresa. E percebi que não passaram despercebidos os mais de vinte anos em que a AMBAN vem-se dedicando ao tratamento de pacientes com transtornos de ansiedade, enquanto, simultaneamente, mantém seu foco de pesquisa e ensino intrínsecos à sua função dentro de um hospital-escola.

Não há como ignorarmos a grande utilidade da informação para a melhora da qualidade de vida dos pacientes com transtornos de ansiedade, pois boa parte da população – talvez até mesmo uma boa parcela dos médicos – não aceita ainda esses "problemas emocionais" como problemas médicos tratáveis. É comum ainda o paciente ver-se, ou ser visto, como um fraco: "Ele é desse jeito".

Como dado contundente da desinformação, um estudo recente, realizado pelo professor Paul Bebbington, na área sul da cidade de Londres, mostrou que apenas 8% dos pacientes da comunidade, portadores de transtorno de ansiedade generalizada, receberam tratamento adequado no ano anterior à entrevista!

Por essa razão, o livro da Drª Ana Beatriz vem na direção exata. Escrito por uma médica com boa formação acadêmica e experiência técnica na área, traz, com clareza e bom humor, informações corretas e atualizadas sobre esses transtornos. A autora não se excede no colorido emocional nem faz afirmações exageradas sobre formas de tratamento específicas.

Temos, assim, uma obra bastante interessante e útil, tanto para o leitor comum, que precisa de informações, quanto para cursos de Medicina ou outros da área de saúde. E sua utilidade se estende a todos os que se relacionam com pessoas com transtornos de ansiedade: nada como o conhecimento do problema para acabar com preconceitos e idéias infundadas.

Agradeço, em nome do AMBAN, à Dra. Ana Beatriz e a seu editor a oportuna obra que vem a público; espero que os leitores também a apreciem e possam com ela melhorar a qualidade de vida, que é nosso empenho maior.

PROF. DR. MÁRCIO BERNIK
Coordenador do Ambulatório de Ansiedade do Instituto de Psiquiatria da FMUSP "AMBAN"
Professor médico do Departamento de Psiquiatria da FMUSP

INTRODUÇÃO

Era junho de 1999 e ainda me lembro da situação como se fosse hoje, ou melhor, aqui e agora! Basta fechar os olhos que a fatídica cena se manifesta num telão virtual na minha mente. Sentados à mesa de um agradável café de Ipanema, estávamos eu, meu marido, minha cunhada e um casal de amigos muito querido. O final de tarde estava extremamente agradável, com uma leve brisa e uma luminosidade avermelhada dos típicos dias de sol no outono carioca.

Todos ríamos muito, embalados por algumas taças de excelente vinho indicado pelo casal amigo. Além disso, havia uma bela trilha sonora ao fundo com o "fino" da bossa nova, adocicando nossos ouvidos e corações. Não pude deixar de citar a célebre história que Vinicius de Moraes contava para definir São Paulo. Após ser muito bem tratado em "Sampa" e curtir a boemia da maior cidade do país, perguntaram a Vinicius o que ele estava achando da cidade. O "poetinha", após refletir entre uma dose de uísque e três tragadas de cigarro, respondeu: "Estou adorando São Paulo, tudo muito grandioso, organizado, boas pessoas, bons restaurantes, ótima vida noturna e cultural... mas tem um problema: a gente anda e anda e nunca chega em Ipanema!".

◇

Tudo estava perfeito! Era sexta-feira; todos davam muitas risadas com os "causos" que cada um de nós contava. O local estava apinhado de gente que parecia também estar se divertindo bastante. Tudo realmente parecia perfeito! Até hoje não sou capaz de descrever, exatamente, como tudo começou...

De repente o garçom se aproximou da mesa ao nosso lado, e minha amiga Lena, que estava de mãos dadas com o marido João, arregalou os olhos, subiu na própria cadeira e, petrificada, pálida e com as mãos trêmulas, tentava sufocar o grito que ameaçava sair estrondoso por sua boca. João, que já tinha vasto conhecimento do pavor que sua mulher tinha por insetos, e totalmente aflito com a situação, perguntava para Beth, insistentemente: "Cadê, onde está? Não estou vendo, aponte-me...". Totalmente paralisada, Lena não conseguia juntar "a com b", balbuciar qualquer sílaba ou palavra, e tampouco apontar para o ser aterrorizante.

O garçom nem se dera conta de estar carregando, em seu ombro esquerdo, uma barata; diga-se de passagem, um exemplar bastante avantajado para a média da espécie. Quando ele acabou de servir a mesa ao lado e se virou em nossa direção, gentilmente querendo saber o que poderia fazer para nos ajudar, tudo piorou bastante. Nesse exato instante, o inseto resolveu fazer um vôo social pelo ambiente, indo parar no cabelo de uma pobre senhora que tomava um *cappuccino* numa mesa à nossa frente. Quando a "senhorinha" se deu conta da personagem que abrigava em suas madeixas, entrou em pânico: gritava, debatia-se e alvoroçava os cabelos de forma frenética, tentando se livrar daquele bicho tão invasivo e sem educação.

A gritaria se generalizou, cadeiras caíam, gente corria, formando uma verdadeira clareira ao redor da velhinha que, por um instante, lembrou-me uma vocalista de banda de rock.

A maioria das pessoas foi parar na calçada, em frente ao café, inclusive nós. Mas, de repente, nos demos conta de que Lena e João não estavam conosco. Entramos novamente no café, agora vazio, e lá estava ela, em pé na cadeira, toda encolhida, numa atitude reflexa de proteção. João sapateava para lá e para cá, fazendo, literalmente, a "dança da barata". De súbito, uma pisada certeira e "pimba": "tá lá o corpo estendido no chão" – ou melhor, a barata morta. Em segundos, o café encheu novamente, e João recebeu um salva de palmas, com direito a assobios e tapinhas nas costas. Nascia um herói em pleno café de Ipanema!

É claro que ao recordar ou contar essa história me pego dando boas e gostosas risadas. Por outro lado, fico perplexa e bastante intrigada com o tamanho e a intensidade da reação que algumas pessoas tiveram naquele dia. Não era um simples medo ou nojo daquele inseto: era pavor, terror mesmo o que tomou conta da minha amiga, da velhinha e de mais algumas pessoas que não pude observar com clareza, dada a velocidade e intensidade dos eventos ao meu redor.

Reconheço que as baratas são insetos asquerosos e repugnantes para muita gente; no entanto, são incapazes de colocar em risco a vida de alguém. Confesso que sempre me interessei pelo comportamento humano e, por isso mesmo, o medo, as fobias e a ansiedade sempre me despertaram, além de curiosidade, muitos questionamentos existenciais.

Em função disso, há muitos anos venho dedicando parte do meu tempo a me aprofundar nesse universo tão intrigante.

Até onde precisamos do medo para nos mantermos vivos? Qual a dose de medo saudável, se é que ela existe? Medo é sempre algo protetor? Quando o medo vira uma doença?

Segundo o professor Isaac Marks, da Universidade de Londres, é praticamente impossível para nós, seres humanos, vivermos sem medo. E, para provar isso, ele cita situações cotidianas, presentes na vida de todos nós, como o simples ato de atravessarmos uma rua. O medo de ser acidentado ou atropelado por um automóvel faz com que olhemos de um lado para o outro da rua, antes de nos lançarmos à travessia. Dessa forma, o medo, em uma medida certa, deve ser entendido como uma função do comportamento humano saudável, necessário e imprescindível para a proteção do ser humano diante dos perigos que o rodeiam.

Por isso, é absolutamente normal que tenhamos medo de ser assaltados, ser atingidos por uma bala perdida, sofrer algum tipo de violência, injustiça ou de perder alguém muito querido. Nessas situações, é natural, e provável, que todos sintam medo em determinada "dose" (ou intensidade). "Dose" exata para evitar qualquer tipo de ação que venha a aumentar o perigo e a exposição às situações de ameaça (como bancar o valentão durante um assalto) ou, ainda, para tomar uma atitude coerente, visando reduzir os riscos da situação de perigo (como abrigar-se em local seguro ou deitar no chão durante um tiroteio). Como tudo na vida, o medo também requer uma dose ideal de equilíbrio: nem demais, nem de menos; apenas adequado para a prevenção de perigos iminentes.

Todos já ouvimos o velho ditado popular: "Aonde vai a corda, vai a caçamba" – quando alguém quer se referir a pessoas ou objetos que vivem juntos, de forma quase inseparável. Expressões semelhantes ("feijão com arroz", "futebol e bola", "Piu-Piu e Frajola", "Batman e Robin") surgiram sempre com a intenção de destacar a íntima relação entre idéias, conceitos ou sentimentos. Nesse aspecto, o medo e a ansiedade formam uma parceria tão íntima, que não há possibilidade de imaginarmos ou sentirmos um sem o outro – como anunciam as expressões populares.

Para que o leitor entenda melhor, encontramos no dicionário a seguinte definição para a palavra medo: "Sentimento de grande inquietação ante a noção de um perigo real ou imaginário". De forma muito semelhante, a palavra ansiedade é definida como "sensação de receio e de apreensão, sem causa evidente"; sinônimo de ânsia, aflição: "perturbação de espírito causada pela incerteza ou pelo receio".

Embora sejam definições técnicas, são importantes para percebermos a impossibilidade de distinção entre as duas palavras. Sendo assim, sempre que o medo está presente, a ansiedade se revela em plenitude, seja em evidentes sinais físicos ou em sintomas psíquicos. O grande problema é quando essa duplinha inseparável (medo-ansiedade) foge de um padrão equilibrado e se torna incontrolável.

Como tudo em medicina recebe nomes específicos, com direito a sobrenomes, foram denominados "transtornos de ansiedade" – quando o medo excessivo e, conseqüentemente, a sua fiel companheira ansiedade, passam a trazer prejuízos expressivos para a vida da pessoa.

Os transtornos de ansiedade possuem diversos espectros que variam em grau, intensidade e na forma como se apresentam. Podemos percebê-los em diversas situações, tais como nas lembranças que insistem em nos perseguir após uma experiência traumática (morte de um parente muito próximo, por exemplo); nas fobias ou medo intenso de falar em público ou participar de eventos sociais; no temor exacerbado de determinados objetos ou animais (elevador, avião, insetos, como vimos com a minha amiga Lena). Também são perceptíveis no terror (pânico) que surge do "nada" e nos dá a sensação de que podemos morrer a qualquer momento; nas preocupações excessivas com os fatos mais corriqueiros e triviais; nos pensamentos obsessivos e comportamentos repetitivos, mais conhecidos como manias, entre outros. Cada um desses transtornos tem características e manifestações distintas, mas todos estão intrinsecamente relacionados ao medo e à ansiedade.

Em graus variados, quando os transtornos de ansiedade já estão instalados, inevitavelmente trarão prejuízos significativos para os setores vitais de suas vítimas (vida social, familiar, profissional, acadêmica etc.). Contudo, somente após muito tempo de sofrimento, de peregrinações, em vão, entre as mais variadas especialidades médicas e não-médicas ou quando suas vidas já estão reviradas pelo avesso, é que os pacientes procuram ajuda especializada.

A demora para buscar o tratamento adequado se deve a muitos fatores mas também podemos afirmar, sem nenhum receio de incorrermos em erros estatísticos, que a maioria o faz por falta de conhecimento sobre o assunto, pelo sentimento de vergonha em expor tudo o que lhe aflige ou pela crença errônea de que se trata de mera fraqueza.

A idéia de escrever este livro surgiu exatamente em função disso: oferecer informações sobre os transtornos deflagrados pelo sentimento de medo excessivo, visando facilitar a auto-identificação ou o reconhecimento em pessoas próximas e queridas, no sentido de abreviar seus sofrimentos.

Felizmente, é possível reverter esses quadros tão dolorosos ou, no mínimo, atenuá-los de forma expressiva, com orientações e tratamentos adequados. Isso significa muito mais do que enfrentar o inimigo que aparentemente pareça invencível.

É restaurar as perdas nos seus diversos setores vitais, libertar-se, renascer e, quem sabe, projetar um futuro próximo de mais confiança e esperança, desfrutando a vida em sua plenitude.

ANA BEATRIZ B. DA SILVA

CAPÍTULO • 1

TRANSTORNOS DE ANSIEDADE

MEDO

Quando está escuro
E ninguém te ouve
Quando chega a noite
E você pode chorar
Há uma luz no túnel
Dos desesperados
Há um cais de porto
Pra quem precisa chegar
Eu tô na Lanterna
dos Afogados
Eu tô te esperando
Vê se não vai demorar

Lanterna dos Afogados
HERBERT VIANNA

AS FACES DO MEDO

Desde pequena possuo um sonho. Para ser mais precisa, um pesadelo, que se repete de tempos em tempos, principalmente quando atravesso períodos mais estressantes em minha vida. Nesse sonho chego à escola, no período ginasial, e uma amiga me informa que dentro de cinco minutos a prova vai começar. Faço um sinal positivo com a cabeça, que demonstra minha tranqüilidade em realizar a prova de História, minha matéria predileta. Em poucos minutos, estamos todos sentados em suas carteiras e aí inicia o pesadelo: a prova é de Matemática e não de História! Em total despreparo diante do inimigo, olho ao redor e tudo me parece estranho. Meu coração dispara, a respiração torna-se entrecortada, a face banha-se de suor, sinto tontura e de repente... acordo atordoada, olho em volta e constato, com imensa felicidade, que estou em território seguro: meu quarto, o marido ao meu lado e a cachorrinha em sua cama. O ar condicionado se encarrega de secar o suor e, aos poucos, tudo volta ao normal. Foi apenas um sonho ruim, daqueles que costumava ter às vésperas de provas, que, na época, eu considerava dificílimas.

Muitos anos já se passaram desde então; no entanto, é impressionante perceber a precisão com que meu cérebro arquivou essa reação, que foi uma das primeiras situações de medo consciente que vivi quando criança. A cada fase da vida, quando os desafios e compromissos me obrigam a lidar com prazos restritos, lá está meu cérebro – esse operário incansável –, sinalizando que meu limiar de ansiedade está no limite máximo. É hora de tomar decisões que dissolvam os "nós" existenciais ou ignorar o sinal de alarme e esperar que a ansiedade cresça um pouco mais e me paralise de alguma forma. Afinal, a ansiedade possui diversas facetas, e todas, a partir de uma determinada "quantidade", mostram-se disfuncionais, modificando negativamente nosso cotidiano, transtornando nossa vida e, até mesmo, nos paralisando diante de tudo e de todos.

É claro que, como boa aluna, tento captar rapidamente a mensagem do mestre cérebro: dou uma parada, faço um *flashback* básico dos últimos meses e logo identifico o que está me aprisionando. Monto um microprojeto, de curto e médio prazo, com as ações necessárias para que o sonho (aviso) não se transforme em pesadelo real.

Hoje constato, com bastante freqüência, que sonhos com exames escolares são muito comuns entre as pessoas. Diria até que esses são um dos casos mais comuns de situações que provocam ansiedade. Não há dúvida de que todas as pessoas já enfrentaram esse tipo de situação, seja em sonho ou na vida real, como as provas escolares ou uma entrevista no emprego. E a maioria das pessoas relata que já acordou na véspera de um exame importante com a respiração acelerada, o corpo suado e que passou o resto da noite se revirando na cama. E mais: muitos ainda salientam o fato de que chegaram à sala de aula ou ao local onde o evento importante ocorreria, convictos de não saberem mais nada sobre o que estudaram durante todo o processo preparatório.

Sentem que todos os seus esforços, por dias, semanas ou meses, serão perdidos com o irremediável e inexplicável "branco" ou esquecimento de todo o conteúdo estudado. O pior de tudo é que, ainda que tudo venha a dar certo, ou seja, obtenham a pontuação necessária e/ou desejada nas provas e entrevistas, será muito difícil esquecerem o lado "ameaçador" dessa experiência. Isso ocorre em função de o nosso organismo ser dotado de um mecanismo pré-programado de proteção, conhecido como "reação do medo", que acompanha a espécie humana desde os tempos mais primitivos.

A REAÇÃO DO MEDO: REAÇÃO DE LUTA OU FUGA

O corpo humano talvez seja a mais criativa e surpreendente invenção de todo o universo. Nosso corpo parece ter sido planejado para nos salvar e nos ajudar a lidar com todo tipo de perigo. Em pequenos fatos do dia-a-dia podemos ver o quanto essa máquina é programada para nos manter em equilíbrio.

Tomemos como exemplo um corte no braço. Em poucos minutos, o corpo reconhece que há um ferimento e aciona uma série de reações mecânicas e bioquímicas que fazem o corte parar de sangrar. Quando o sangue entra em contato com o ar, reage de maneira diferente e começa a coagular. O sangue fica cada vez mais espesso e, em pouco tempo, uma crosta está formada, tamponando totalmente o sangramento provocado pelo ferimento. Depois de alguns dias, essa crosta cai e toda a área que estava abaixo dela se encontra sadia novamente.

O mesmo mecanismo de proteção é acionado quando nos engasgamos com algum tipo de comida ou bebida. O engasgo sinaliza que algo sólido ou líquido entrou no local errado. No caso, esse local é a traquéia, que é um tubo capacitado para levar o ar inspirado pelo nariz ou pela boca em direção aos pulmões. A traquéia não transporta outro tipo de substância que não seja gasosa. Assim, quando engasgamos, automaticamente tossimos e regurgitamos, e a comida ou a bebida é lançada para fora da traquéia com grande velocidade. Continuamos a tossir, até que os visitantes indesejados (comida e/ou bebida) estejam totalmente fora da nossa traquéia.

Tanto no caso do ferimento como no caso do engasgo, tudo ocorre de forma automática, como uma máquina perfeita. Não importa se estamos dormindo ou acordados, se somos ricos ou pobres, geniais ou de inteligência limitada: nosso corpo fará tudo para nos socorrer... automaticamente.

Um tipo de proteção automática do corpo é a reação do medo. Imagine-se andando por uma rua estreita e, de repente, avançam em sua direção dois cachorros da raça *bull terrier*, que rosnam, expondo seus dentes brilhantes entre a saliva que escorre por suas mandíbulas. Se você, por um acaso, quisesse racionalizar o que fazer, provavelmente processaria os seguintes pensamentos: *Eles são cachorros; são ferozes; estou em perigo! Devo fazer algo! O que devo fazer? Acho que devo correr!*

Bem, se você pensasse tudo isso antes de correr, possivelmente já estaria morto e dilacerado, antes mesmo de concluir seus pensamentos. Mas fique tranqüilo, pois nessa situação, seu corpo reagiria automaticamente, de maneira ultra-rápida, e você já estaria correndo há muito tempo. Provavelmente já teria se abrigado em algum lugar seguro.

Sem você se dar conta, uma *overdose* de adrenalina é injetada na corrente sangüínea e, a partir daí, toda uma reação se processa automaticamente: o coração dispara, o suor toma conta da pele, os músculos contraem para entrar em ação, a respiração se torna mais rápida, sem que tenha tempo de pensar e, em frações de segundos, você estará correndo como um leopardo ou lutando com os cachorros como uma fera enlouquecida. Esta é a reação do medo que existe para nos salvar de todos os perigos.

Em princípio, o instinto nos leva a correr como o vento para fugirmos dos cachorros. Após muitos metros de corrida, encontramos um local seguro e ali permanecemos até termos certeza de que os animais não estão mais nos seguindo. Paramos, sentamos no chão e percebemos que nosso corpo está totalmente alterado: nosso coração bate forte e rápido; nossa respiração está acelerada e profunda; estamos tremendo e suando por todo o corpo; nossa boca está seca como uma pedra; estamos tontos; nossas mãos e pés estão formigando; estamos tensos, alertas e vigilantes contra novos perigos.

É curioso observar que o medo daquelas feras foi capaz de desencadear em nosso organismo todas as mudanças atrás citadas e, em momento algum, tivemos medo dessas reações em nosso corpo. Os próprios sentimentos não nos incomodam porque sabemos exatamente *por que* os estamos sentindo. Eles fazem parte de nossa reação ao medo.

A reação do medo está no centro de vários transtornos do comportamento (ou mentais), conhecidos como transtornos de ansiedade. As sensações envolvidas na reação do medo normal (como instinto de defesa) ou no ataque de pânico (sensação de medo intenso, súbito e anormal) são exatamente as mesmas: taquicardia, sudorese, aceleração da respiração, tremores, boca seca, formigamentos, calafrios etc. A única diferença – e esta é a grande diferença – é que, no caso dos cachorros, nós temos consciência do porquê estamos reagindo daquela maneira (medos das feras). Já no pânico, por exemplo, nós não conseguimos identificar um fator desencadeante ou um estímulo óbvio para causar sentimentos tão fortes.

AS FORMAS DA ANSIEDADE PATOLÓGICA

O medo é um sentimento universal: todos sentem e diversos estudos demonstram ser uma emoção primária (inata) do ser humano, necessária para proteção e perpetuação da espécie. Está incrustada em nosso DNA e faz parte do nosso existir. Sua abrangência vai desde a decisão de lutar ou fugir até o acúmulo traiçoeiro que deságua no estresse e na ansiedade, levando ao esgotamento físico e mental. Como pudemos descrever no tópico anterior, um estímulo que desperte o medo é capaz de, em frações de segundos, munir o corpo inteiro de adrenalina e prepará-lo para uma rápida reação física.

As respostas físicas e mentais ao medo eram tão essenciais para a sobrevivência de nossos antepassados primitivos, que elas permanecem de forma intensa e muito poderosa até os dias atuais. Infelizmente a manutenção dessa resposta adaptativa, com tamanha intensidade, quase sempre se torna inapropriada no mundo moderno. Afinal, ao evoluirmos, como espécie e civilização, deveríamos ter deixado para trás a necessidade de uma reação tão excessiva. No entanto, nossa reação ao medo continua a se manifestar de forma quase idêntica àquela vivenciada pelos nossos ancestrais mais longínquos.

Ao reagirmos, freqüentemente de forma exacerbada aos contratempos e dificuldades do dia-a-dia, acabamos por adoecer, uma vez que o excesso de hormônios de estresse (cortisol e adrenalina) pode ocasionar, no organismo, aumento da pressão arterial, doenças cardíacas, enxaquecas, alergias, úlceras, pânico, fobias, entre outros. O que, nos tempos primitivos, era um supersistema de proteção, essencial para o homem da época, transformou-se em uma poderosa arma, cuja potência o homem moderno tem de aprender a desativar ou, pelo menos, a reduzir seu poder de fogo. Sendo assim, existem casos nos quais essa reação perde sua função protetora e ganha força e *status* de uma situação definitivamente ameaçadora dentro da mente.

Se observarmos as pessoas, de modo geral, podemos perceber que o nível de ansiedade é um traço que caracteriza a personalidade de cada um. Desta forma vemos pessoas com atitudes mais tranqüilas diante de situações de perigo ou ameaçadoras. Em contrapartida, percebemos, em outras, atitudes exacerbadas diante das mesmas situações ou, no mínimo, bastante similares. O momento exato em que manifestamos ansiedade (o chamado estado de ansiedade) pode ser considerado um momento de ruptura ou quebra em relação à nossa condição emocional básica.

Esta quebra nos faz cair em uma espécie de abismo, no qual experimentamos desconforto emocional intenso.

Podemos estabelecer a velha dialética entre o *ser* e o *estar*. *Ser ansioso* é possuir sensação de tensão, apreensão e inquietação, dominando todos os demais aspectos de nossa personalidade. *Estar ansioso* é tudo isso acompanhado por manifestações orgânicas tais como palpitações (taquicardia), suor intenso (sudorese), tonturas, náuseas, dificuldade respiratória, extremidades frias etc.

Podemos entender que os chamados transtornos de ansiedade correspondem aos estados de ansiedade (estar ansioso) em indivíduos que possuem uma personalidade ansiosa de fundo ou base (ser ansioso). Logo, fisiologicamente pensando, quando o *ser* se une ao *estar* em uma personalidade ansiosa, estados severos de desconforto e sofrimento são gerados. Os transtornos ansiosos são os rebentos, não desejados, de casamento que sempre terá de evoluir para um divórcio, às vezes doloroso, mas sempre libertador. Eles podem assumir múltiplas formas. Sabemos que todos, no entanto, possuem uma matriz comum, que é a personalidade ansiosa. Esta constatação que, à primeira vista, parece relativamente óbvia, só teve seu reconhecimento pela ciência médica há muito pouco tempo, quando se criou o termo *espectro da ansiedade*, que pôde agrupar os diferentes transtornos sob um mesmo teto.

Segundo o DSM-IV (Manual diagnóstico e estatístico de doenças mentais), os transtornos de ansiedade são vários, e a principal característica deles, além da presença de ansiedade, é o comportamento de esquiva, ou seja, a pessoa tende a evitar determinadas situações nas quais a ansiedade intensa pode se manifestar. Dessa maneira, encontramos diversas formas de o medo patológico se apresentar nos transtornos ansiosos.

Os transtornos de ansiedade podem se manifestar como súbitos ataques de pânico, que podem evoluir para o transtorno do pânico; como fobia simples, na qual a ameaça provém de estímulos bem específicos; como fobia social, na qual as pessoas percebem ameaças potenciais em situações sociais banais. Temos ainda o transtorno obsessivo-compulsivo (TOC), no qual a mente é invadida por pensamentos intrusivos e sempre de conteúdo ruim (obsessões), que desencadeiam rituais repetitivos e exaustivos (compulsões), na tentativa de exorcizar tais idéias; há também o transtorno de estresse pós-traumático (TEPT), quando vivemos experiências traumáticas significativas. Por fim, temos o transtorno de ansiedade generalizada (TAG), que se caracteriza por um estado permanente de ansiedade, sem qualquer associação direta com situações ou objetos específicos.

Todos eles têm em comum a presença de sintomas físicos (taquicardia, sudorese, tontura, cólica, náusea, falta de ar etc.) e sintomas psíquicos (inquietação, irritabilidade, sobressalto, insegurança, insônia, dificuldade de concentração, sensação de estranheza etc.).

Os transtornos de ansiedade ocorrem com uma freqüência muito alta na população em geral. Recentes estudos norte-americanos, de abrangência significativa, revelaram que 25% das pessoas apresentam algum tipo de transtorno de ansiedade ao longo de suas vidas. A primeira reação diante dessa estatística é assustadora, afinal, trocando em miúdos, o que eles evidenciaram é que um quarto da população mundial sofre ou sofrerá algum tipo de transtorno ansioso durante toda a sua existência. Mas, infelizmente, esses dados refletem e atestam a mais absoluta realidade.

O que pode deixar as pessoas com a "pulga atrás da orelha" em relação a um percentual tão grande assim, é o fato de que grande parte dos indivíduos que apresentam transtorno de ansiedade não procura tratamento, além de tentar esconder seus sintomas das outras pessoas. Se considerarmos que os transtornos de ansiedade mais comuns são as fobias simples, ou específicas, (insetos, cobras, gatos etc.) e a fobia social (como falar em público) – e que tanto os eventos sociais quanto o contato com animais podem ser evitados, é bem provável que a pessoa que sofra de uma fobia simples jamais sinta necessidade de procurar tratamento para seu transtorno.

Somente quando o medo anormal (patológico) se manifesta como um transtorno ansioso, interferindo, de maneira cotidiana e acentuada na vida do indivíduo, com prejuízos concretos nos setores social, afetivo e profissional, é que ele sente a necessidade de procurar ajuda especializada.

Além dos transtornos acima citados, outras patologias também são descritas em manuais específicos de classificação de doenças mentais e fazem parte dos transtornos de ansiedade. Contudo, não serão objetos deste livro, uma vez que nos propusemos a desvendar ao leitor somente aqueles com os quais deparamos com mais freqüência em nossa prática clínica e que consideramos de maior relevância.

DENTRO DESSE TÚNEL TEM LUZ

Diante de tudo o que foi exposto até aqui sobre as múltiplas faces da ansiedade, precisamos entender que, diante de um estado de ansiedade que gera desconforto, torna-se oportuno procurar um especialista para estabelecer um diagnóstico e possibilidades terapêuticas adequadas. Somente o diagnóstico preciso do transtorno (ou patologia) pode assegurar a terapia eficaz. Até porque a ausência de resultados satisfatórios afasta o paciente, uma vez que, como "bom" ansioso, ele tem pressa, necessidades exacerbadas e muita ansiedade para utilizar pílulas milagrosas.

É necessário muito empenho e determinação de nossa parte, como médicos e psicoterapeutas, pois, em alguns casos de transtorno de ansiedade, ocorre uma grande dificuldade em se estabelecer o tratamento mais adequado para cada forma específica de ansiedade e para cada caso individual. Casos mais complexos são aqueles em que encontramos o transtorno de ansiedade associado a outros quadros patológicos, como a depressão ou o consumo abusivo de álcool e/ou outras substâncias causadoras de dependência física e psicológica. Em relação ao álcool, de certa maneira, é fácil entender a razão dessa parceria: a bebida alcoólica é capaz de atenuar o estado de tensão contínua, proporcionando alívio momentâneo e aparente para essas pessoas. No entanto, esse alívio tem um preço. À medida que o tempo passa, pode-se tornar "caro demais", pois o álcool, a curto, médio e longo prazos, é capaz de cobrar juros na forma de insônia, ansiedade mais intensa (especificamente na ressaca), depressão, doenças físicas e inflacionar nossa vida com uma dependência química difícil de ser vencida.

Até pouco tempo atrás, os transtornos de ansiedade possuíam poucas opções terapêuticas realmente eficazes. Um dos grandes avanços foi dado com a utilização dos benzodiazepínicos – popularmente conhecidos como calmantes, e que apresentam tarja preta –; todavia, eles não se mostraram eficazes em todas as formas de transtorno de ansiedade. Além disso, eles apresentam um importante fator limitante: agem apenas na supressão dos sintomas, não exercendo influência sobre as causas do transtorno. Assim, se nos restringirmos à utilização desses medicamentos, teremos a desagradável surpresa de ver os sintomas indesejáveis retornarem, tão logo o uso deles seja suspenso.

Felizmente, nos últimos anos, tivemos boas e animadoras notícias em relação ao tratamento dos transtornos de ansiedade e hoje dispomos de um leque de possibilidades medicamentosas. De mais a mais, o progresso ocorrido no campo das terapias psicológicas de apoio foi significativo. A terapia cognitivo-comportamental (TCC) provou ser capaz de mudar os esquemas de pensamento que aprisionam essas pessoas aos seus próprios medos, além de alterar o seu comportamento (reações) diante dos fatores desencadeantes de ansiedade.

Em relação às novas medicações, algo curioso aconteceu: a constatação da freqüente associação entre ansiedade e depressão fez com que os pesquisadores estudassem o uso de substâncias originalmente utilizadas como antidepressivos também para os casos de transtornos de ansiedade. A boa surpresa foi que algumas dessas substâncias se mostraram realmente eficazes em determinadas formas de ansiedade patológica.

Atualmente podemos afirmar que em 80% dos casos de transtornos de ansiedade é possível melhorar muito a qualidade de vida das pessoas, e isso pode ser atestado pela satisfação que os próprios pacientes demonstram. Após a conquista desse bem-estar, sempre recomendamos que o paciente prossiga em sua terapia de manutenção, pois essa prática se mostrou eficaz na prevenção de recaídas.

E, como "em time que está ganhando não se mexe" e "canja de galinha não faz mal a ninguém", é "melhor prevenir do que remediar"!

• • •

CAPÍTULO • 2

TRANSTORNO DO PÂNICO

MEDO

O meu medo é
uma coisa assim,
que corre por fora
entra, vai e volta sem sair

Pessoa, DALTO E CLÁUDIO RABELLO

TERROR SEM AVISO PRÉVIO

Sentimento súbito de terror, sensação de morte iminente, coração disparado, suor intenso, dores no peito, falta de ar, tontura, por vezes acompanhados de sensação de despersonalização ou irrealidade ou de que alguma catástrofe vai acontecer!

A descrição acima se encaixa perfeitamente na descrição de um ataque cardíaco, mas não é. Trata-se de um ataque de pânico! De fato, várias pessoas que sofrem de transtorno de pânico são atendidas na sala de emergência de um pronto-socorro, para onde são levadas com forte suspeita, ou quase certeza, de estarem tendo um enfarte, e lá recebem o diagnóstico de que o coração se encontra em perfeito estado. O caráter aterrorizante do ataque de pânico, em função de seus sintomas, é ainda mais agravado pelo seu aspecto de improviso, ou seja, ele chega sem sinais premonitórios e passa a dominar a vida das pessoas, que até aquele fatídico momento se consideravam criaturas detentoras da mais perfeita sanidade mental. A sensação vivida pelas pessoas que sofreram seu primeiro ataque de pânico é algo como a fábula da Cinderela. De um instante para o outro perdem todo o *glamour* do luxo, da realeza, do amor, da música, e deparam com um balde com água suja, um trapo de pano, uma vassoura velha quase careca. É dormir rico e acordar pobre. Esta é a sensação após o primeiro ataque de pânico: perder toda a sanidade numa mesa de pôquer.

Muitas pessoas apresentam um único ataque de pânico, que não se repete com o passar do tempo. No entanto, quando esses ataques são freqüentes, passam a caracterizar o transtorno do pânico, que pode gerar um círculo vicioso de sensações e comportamentos, que agravam de forma relevante as limitações cotidianas na vida dessas pessoas. O fato de a pessoa não poder prever a hora ou o momento de um novo ataque de pânico faz com que ela desenvolva uma ansiedade crescente quanto à situação e ao local onde o próximo ataque poderá acontecer. A partir daí, instala-se uma sensação muito peculiar aos portadores de transtorno do pânico, conhecida como "o medo do medo". Além disso, eles tendem a evitar locais ou situações onde outros ataques já ocorreram como, por exemplo, banco, carro, cinema, teatro, feiras etc.

De uma forma bem sucinta: o nome pânico foi adaptado do grego *panikon* e derivado do nome do deus Pã, figura mitológica grega, divindade das montanhas e das florestas, protetor de pequenos animais, pastores e caçadores. Apesar de travesso, galanteador e de sempre empunhar uma flauta feita de caniços do brejo, era rejeitado pela sua feiúra. Metade homem e metade animal, com chifres, patas e pêlos de bode, Pã aterrorizava as pessoas com suas aparições inesperadas. Desta forma surgiu a palavra "pânico", o terror infundado ou repentino.

Através dos séculos, observamos que as pessoas têm sofrido de ataques de pânico há muito tempo. No século XVI, na França, eram denominados *terreur panique*. Em 1603 (século XVII), um médico inglês descreveu assim um ataque de pânico: "Tolos tremores repentinos, sem qualquer causa precisa, aos quais eles chamam de terrores de pânico". Sigmund Freud (o pai da psicanálise) foi um dos primeiros a fazer uma descrição minuciosa e apurada dos ataques de pânico; em 1884 ele os chamava de "ataques de ansiedade" em vez de ataque de pânico. Entre o final do século XIX e a década de 1980, podemos observar que tanto a medicina quanto a psicologia praticamente ignoraram os ataques de pânico. Finalmente, a partir de 1980, a Associação de Psiquiatria Americana (APA) incluiu os ataques de pânico na terceira edição do DSM (Manual diagnóstico e estatístico de transtornos mentais) –, uma espécie de bíblia dos psiquiatras americanos para diagnosticar os problemas relacionados ao comportamento.

Um ataque de pânico é um período inconfundível, de imenso medo ou temor, no qual quatro ou mais dos sintomas listados abaixo, segundo o DSM-IV (quarta edição do manual citado acima), desenvolvem-se de forma abrupta, que atinge o ápice (pico) em dez minutos, e costuma se estender por um total de 40-50 minutos:

- taquicardia (ritmo cardíaco acelerado);
- sudorese intensa (suor, principalmente na face ou cabeça);
- tremores ou abalos musculares;
- sensação de falta de ar ou sufocamento;
- sensação de "nó" na garganta (ou aperto);
- dor ou desconforto no peito;
- náuseas (enjôo) ou desconforto abdominal (similar à cólica);
- tontura, vertigem ou desmaio;

- sensação de irrealidade (estranheza com o ambiente) e de despersonalização (estranheza consigo mesmo);
- medo de perder o controle de seus atos ou de enlouquecer;
- medo de morrer;
- sensação de anestesia ou de formigamento;
- ondas de calor ou calafrios.

É interessante observar que, em relação aos demais transtornos de ansiedade, o transtorno do pânico apresenta uma freqüência relativamente baixa, principalmente se compararmos com as fobias (medos exagerados). No entanto, o transtorno de pânico é campeão entre as pessoas que procuram ajuda e tratamento médico. Isso dá a dimensão exata do sofrimento e do desespero vivenciados por um indivíduo durante um ataque de pânico. A partir desse momento, inicia-se um longo período de temor, insegurança e mudança. A época mais comum para ocorrerem os primeiros ataques de pânico é entre 15 e 30 anos de idade, o que não exclui a ocorrência em qualquer outra faixa etária. A recorrência dos ataques faz com que muitas pessoas sintam que não podem continuar trabalhando ou tendo a mesma vida ativa de antes, por isso não é raro o abandono de carreiras profissionais absolutamente promissoras.

As mulheres são mais acometidas do mal, e a causa exata dessa diferença até hoje não é satisfatoriamente compreendida. Um dado sobre o pânico, que contraria o senso comum, é o fato de ele ocorrer com igual freqüência tanto nos grandes centros urbanos quanto nas regiões agrícolas (campo). Assim, cai por terra a idéia preconcebida de que a vida agitada das cidades grandes, como o Rio de Janeiro, São Paulo e Belo Horizonte, cause mais pânico em seus habitantes. Isso não passa de um mito que começa a ser desfeito.

A queda do mito (de que o transtorno do pânico estaria atrelado ao estresse físico e funcional das grandes cidades) nos faz pensar que o estresse afetivo talvez seja, de fato, o grande vilão nesse filme de terror chamado pânico.

Os ataques de pânico são relativamente freqüentes em nosso meio, podendo apresentar entre 1,5 e 3,5% de prevalência vital, ou seja, qualquer um de nós tem a probabilidade de ser acometido por um ataque de pânico em algum momento de nossa existência.

No caso das mulheres, como dito, a situação é um pouco mais delicada, pois os estudos revelam que elas apresentam duas a quatro vezes mais chances de ocorrências que os homens. Além disso, temos de destacar a significativa presença de uma propensão genética ao transtorno, uma vez que observamos, de forma nítida, maior incidência do transtorno entre pessoas cujas famílias possuem descrições de casos semelhantes.

É importante destacarmos que sofrer um ataque de pânico isolado sem maiores conseqüências não significa, na vida cotidiana, que uma pessoa seja portadora do *transtorno do pânico*. Afinal, várias condições diárias como estresse familiar, no trabalho e uso de substâncias como o álcool, anfetaminas, cigarro, cafeína, cocaína e até maconha podem, esporadicamente, desencadear ataques de pânico.

Por outro lado, precisamos estar atentos: se esses ataques (ou crises de pânico) forem freqüentes e trouxerem consigo uma preocupação permanente sobre a iminência de um novo ataque ou mesmo sobre as possíveis conseqüências catastróficas desses ataques (enfarte cardíaco, derrame cerebral, enlouquecimento etc.), o diagnóstico de transtorno do pânico deverá ser feito. Obviamente devemos excluir qualquer outra doença física que justifique o quadro clínico, pois muitas podem apresentar sintomas parecidos.

Diferentemente das fobias (medos exacerbados), os ataques de pânico costumam ser espontâneos, ou seja, "aparecem do nada", e não estão relacionados a objetos (determinados animais, por exemplo) ou situações específicas (falar em público ou iniciar um contato afetivo), o que sempre está presente nos quadros fóbicos.

Diante de tudo o que foi exposto até aqui, podemos concluir que o diagnóstico do transtorno do pânico não é tão simples como possa parecer à primeira vista. Mesmo que tenhamos preenchido os critérios para ataques de pânico, e que eles se apresentem de maneira repetida e imprevisível ou inesperada, ainda assim teremos de executar uma série de rotinas diagnósticas, uma vez que há a necessidade de afastarmos a possibilidade de que os ataques sejam provocados por uma doença física ou mesmo por um outro transtorno de ansiedade, especialmente as fobias. Daí a necessidade de que o diagnóstico de transtorno do pânico seja realizado por um médico, de preferência com larga experiência no trato com pessoas portadoras de transtornos ansiosos e também possuidor de vasto conhecimento das patologias clínicas em geral.

Podemos constatar o sofrimento vivenciado por Viviane, 31 anos, comerciária, diante de esse terrível desconforto:

> Há seis anos, durante um almoço com um colega de trabalho, vivenciei uma das piores coisas do mundo. Tudo estava na mais perfeita harmonia e tranqüilidade quando, de repente, sem mais nem menos, uma sensação horrível e angustiante tomou conta de mim. Começou com uma tontura, depois tudo ao meu redor estava estranho (as pessoas, o ambiente) e pensei que estivesse enlouquecendo. Minha vontade era fugir dali, mas perdi o controle e desabei num choro compulsivo. Eu tive absoluta certeza de que iria morrer, que iria enfartar, um mal-estar indescritível! Tudo era muito intenso! Meu corpo suava por inteiro, sentia enjôo, dormência na nuca, meu coração disparava e me sentia sufocada. Medo! Ninguém conseguia fazer aquele desespero parar, e os meus pensamentos eram os mais terríveis possíveis. Não fazia a menor idéia do que poderia estar acontecendo e jamais esqueci dessas cenas de horror. Até hoje não consigo passar por perto do restaurante. Tempos depois, as crises voltaram e cada vez mais freqüentes. Meus pais se desesperavam junto comigo, percorríamos os pronto-socorros e as clínicas cardiológicas. Fiz todos os exames que me pediram e o diagnóstico era sempre o mesmo: estresse. Convivi com isso por cinco anos, o que me impediu de trabalhar, sair sozinha e dirigir. Comecei a me informar sobre o assunto e procurei um psiquiatra. Hoje sei que eu tenho transtorno do pânico e, por meio de medicação e terapia adequadas, já me sinto muito mais segura e levando uma vida praticamente normal.

Infelizmente, a realização de um diagnóstico acertado e a aplicação de um tratamento adequado podem levar muito tempo. A grande maioria dos pacientes com transtorno do pânico ainda hoje faz verdadeiras peregrinações por diversos especialistas médicos e consultórios de psicologia. Tais pacientes são submetidos a diversos exames e, ao final, recebem o desolador diagnóstico do *nada*, que costumam ser seguidos por tapinhas nos ombros e frases proféticas do tipo: "Você está ótimo, seus exames são espetaculares!"; "Isso tudo é da sua cabeça, relaxe"; "Viaje um final de semana e tudo voltará ao normal". Ou: "Você não tem nada, eu lhe asseguro isso". Quem tem pânico sabe muito bem que o tal *nada*, que muitos médicos e psicólogos afirmam com veemência, pode ser responsável por todo o sofrimento do mundo em um curto espaço de tempo: – os vinte a cinqüenta minutos que duram a crise de pânico. Além disso, o *nada,* ao se repetir, muda de forma dramática *toda* uma vida de planos, sonhos e realizações.

O fato de apresentarem exames físicos e complementares (laboratoriais) dentro dos padrões da normalidade técnica não significa, em absoluto, que a pessoa não tenha *nada*. A meu ver, o significado desse suposto binômio *doente/sem doença* reflete a nossa momentânea, mas real, incapacidade de dispormos de métodos laboratoriais ou de imagens suficientemente sofisticadas que nos possibilitem ver como funciona o cérebro de alguém portador de transtorno do pânico. E mais ainda, coloca de frente para o espelho a grande dificuldade que os profissionais de saúde possuem em exercer a função da empatia (capacidade de se colocar no lugar do outro) na relação médico–paciente.

Temos de reconhecer que parte dessa deficiência tem sua origem na própria formação médica. Ela é totalmente voltada para a produção de médicos onipotentes, que se protegem de uma relação mais humana com seus pacientes por meio de técnicas e condutas previamente estabelecidas e que, por isso mesmo, apresentam grande dificuldade em aceitar e compreender o sofrimento do outro. O que mais agrava isso é o fato de que, tal qual a miséria, o sofrimento humano existe em qualquer canto e pode se manifestar em qualquer pessoa. O médico de hoje pode ser o paciente de amanhã e vice-versa.

COMO PENSAM AS PESSOAS QUE TÊM TRANSTORNO DO PÂNICO

Os pacientes portadores do transtorno do pânico, em sua maioria, costumam apresentar ansiedade antecipatória em relação à possibilidade de terem um novo ataque de pânico e a respeito de sofrerem as mais diversas conseqüências advindas desses ataques (enfarto, derrame, morte etc.). Essa ansiedade antecipatória se manifesta especialmente na forma de pensamentos propriamente ditos ou na forma de imagens (histórias fantasiadas). Ambos, pensamentos e imagens, povoam a mente dos portadores de transtorno do pânico, tal qual uma seqüência rápida de sons e imagens vistos em um videoclipe de música eletrônica. É comum o paciente ter uma percepção reduzida do conteúdo desses pensamentos. Isso se deve à grande velocidade com que eles são processados dentro do funcionamento mental dos indivíduos que sofrem de transtorno do pânico. Em função dessa velocidade, esses pensamentos são denominados sob a expressão de "pensamentos automáticos". O que nos causa intensa preocupação é o fato de os pensamentos automáticos serem aceitos como fatos ou verdades por esses pacientes. Os pensamentos ou imagens mais comuns são:

- Vou ter um ataque cardíaco.
- Vou ficar louco.
- Vou morrer.
- Vou ter um derrame.
- Vou ser tomado como alguém fraco.
- Vou desmaiar e vão rir de mim.
- Não posso ficar sozinho, pois preciso de alguém para me socorrer.
- Não consigo controlar minha vida.
- Preciso ser capaz de controlar tudo.
- Não posso dirigir, pois vou perder o controle do carro e bater.
- Não posso praticar esporte, pois posso morrer.
- Não posso fazer sexo, pois posso enfartar.
- Se eu não dormir, posso enlouquecer ou ter uma síncope (colapso nervoso).
- Não posso me emocionar nem chorar, senão perco totalmente o controle das minhas emoções.

Naturalmente, existem muitas combinações e, até mesmo, diferentes pensamentos e imagens que podem ocorrer em cada indivíduo que sofre de transtorno do pânico. Afinal, os sintomas são os mesmos. No entanto, cada indivíduo traz consigo uma história própria, que acaba por facilitar a ocorrência de determinados tipos de pensamentos e imagens que povoam suas mentes.

Em nossa prática clínica, pudemos observar, porém, que determinados pensamentos ocorrem com tamanha freqüência entre as pessoas com pânico, que poderíamos até chamá-los de pensamentos unânimes ou universais. Entre eles destacamos três que, sob nosso ponto de vista, respondem por grande parte do sofrimento quase permanente dos portadores de pânico e transformam suas vidas em verdadeiros martírios antes, durante e após a ocorrência de uma crise:

MORTE

Sem sombra de dúvida, a idéia de morrer é a que mais aterroriza quem sofre de transtorno do pânico (TP). É claro que o assunto "morte" costuma incomodar quase que 100% da população humana, afinal somos os únicos animais que têm consciência de sua inevitável ocorrência. Mas o que chama atenção entre os pacientes com pânico é o fato de eles associarem diretamente esse medo a alguns sintomas que ocorrem durante o ataque de pânico, em especial a taquicardia e a falta de ar (ou dispnéia, como os médicos costumam denominar). Por outro lado, se analisarmos friamente, veremos que essas mesmas sensações estão presentes, de forma absolutamente normal, em nosso cotidiano. Quem já não teve taquicardia e ligeira falta de ar ao ter uma maravilhosa relação sexual, ou após a prática de um esporte de lazer, ou após a subida rápida de uma escadaria, ou mesmo durante uma forte emoção de alegria, como o próprio casamento ou a notícia de uma premiação profissional? Como podemos constatar, essas sensações são, de certa forma, corriqueiras e totalmente normais em nossa vida. O que as torna anormais no pânico é a forma catastrófica como elas são interpretadas.

Para um paciente com transtorno do pânico (TP), taquicardia e dificuldade respiratória são tomados sempre como indicadores certeiros de morte iminente. Agora, se lembrarmos quantas vezes fizemos exercícios físicos e bom sexo, notaremos que, além de não termos morrido disso, experimentamos sentimentos revigorantes que nos deram a certeza de que estávamos vivos e felizes.

LOUCURA

Excetuando alguns filósofos e poetas, que viam algo de romântico e revolucionário na loucura, todos nós temos muito receio de enlouquecer, até porque isso significa romper a fronteira do conhecido e quebrar a estrutura mais íntima de nosso ser. No caso dos portadores de transtorno do pânico, esse medo é intenso e muito freqüente. Ele está profundamente relacionado com os sintomas de despersonalização (deixar de se sentir a própria pessoa) e irrealidade (estranheza em relação aos fatos e pessoas que fazem parte de sua vida).

Ao forçar a respiração em função da falta de ar, o paciente com pânico acaba promovendo uma hiperventilação, ou seja, respiração curta e rápida com baixa produção de oxigênio e maior geração de gás carbônico, resultando em uma respiração de baixa qualidade. A redução de oxigênio (O_2) e o aumento de gás carbônico (CO_2) no sangue produzem um funcionamento alterado no cérebro, que passa a coordenar mal as idéias e os pensamentos, dando a sensação de despersonalização e irrealidade que toma conta das pessoas durante o ataque de pânico. Essa mesma sensação pode ser provocada quando, voluntariamente, respiramos rápida e profundamente com a boca aberta de 30 a 60 segundos. Faça o teste e você verá que um pouco de tontura e confusão mental não é capaz de enlouquecer ninguém.

Loucura é outra coisa, bem diferente por sinal. Nela existe a presença de alucinações e delírios, que são alterações graves da percepção (ver coisas, ouvir vozes) e do julgamento (achar que está sendo perseguido). E isso não tem nada que ver com o transtorno do pânico em si.

DESCONTROLE

Se pensarmos bem, viver é um exercício diário, cheio de imprevistos positivos e, às vezes, negativos. É a velha história das perdas e ganhos, e não existe *viver* sem essas condições. Apesar de teoricamente sabermos que controlar os acontecimentos de nossas vidas e das pessoas que nos cercam é uma tarefa impossível, sempre tentamos, de alguma forma, controlar os fatos, os sentimentos e as circunstâncias de tudo que ocorre em nossas vidas. A maioria das pessoas não consegue lidar muito bem com a impossibilidade de controlar totalmente a vida. É como se o ato de controlar coisas e pessoas conferisse ao controlador uma espécie de poder ilusório de segurança, força e equilíbrio.

Para quem sofre de transtorno do pânico (TP), perder o controle sobre seus atos é algo pensado e imaginado com tamanha riqueza de detalhes, e com uma freqüência tão intensa, que o universo mental dessas pessoas funciona como um filme de suspense e ação, no qual acontecimentos trágicos ocorrem a todo instante. E pior, muitos desses pacientes chegam a imaginar essas cenas trágicas com detalhes mórbidos e trilhas sonoras fúnebres ao fundo. Literalmente, eles vêem tudo o que ouvem e ouvem tudo o que vêem. Dessa forma, perder o controle de um veículo e atropelar alguém ou mesmo cometer um ato desvairado são idéias que inundam a mente dos portadores de pânico, mantendo-os como náufragos à deriva dentro de si mesmos.

Os portadores de pânico, envoltos em seus pensamentos trágicos ou catastróficos, não se dão conta de um fato bastante simples e acalentador: um ataque de pânico tem uma duração limitada. Como já dito, os sintomas se instalam de forma súbita, atingem um pico máximo de intensidade, por volta de dez minutos, iniciam uma curva descendente e passam. Sem esse entendimento, mesmo com todos os sintomas desagradáveis e o descontrole que as pessoas com ataque de pânico vivenciam, muitas acabam por pedir ajuda a alguém ou mesmo dirigem-se sozinhas a um hospital ou a um local onde possam ser encaminhadas ao atendimento médico. Convenhamos que, se essas pessoas não tivessem um mínimo de controle sobre as situações, elas não seriam capazes sequer de se articular para solicitar ou buscar ajuda, como costuma ocorrer na maioria absoluta dos casos. Podemos então deduzir que o descontrole, tão temido pelos portadores de transtorno do pânico, é muito mais de uma sensação subjetiva do que de um fato de repercussões tão trágicas como eles imaginam.

O MEDO DE FICAR SÓ (AGORAFOBIA)

Tinha medo de sair de casa, de estar sozinha, de trabalhar, de ir ao teatro, cinema ou shows. Logo eu, que sempre gostei tanto de tudo isso.

Uma situação que freqüentemente acompanha o transtorno do pânico é a *agorafobia*. A origem desta palavra, aparentemente estranha e de difícil pronúncia, também advém da mitologia grega. *Ágora* era o nome de praças onde se realizavam trocas de mercadorias ou reuniões do povo para discutir os problemas da cidade. Sendo assim, a agorafobia trata de um tipo de fobia generalizada, na qual o indivíduo apresenta um medo intenso e injustificável de estar em lugares amplos ou com um contingente significativo de pessoas. Nesses casos, o receio apresentado por essas pessoas deve-se à dificuldade de terem acesso a qualquer tipo de socorro, caso haja a necessidade de um atendimento médico ou qualquer outro tipo de ajuda.

Contrariando algumas pessoas, que tendem a citar o pânico e/ou a agorafobia como um problema dos tempos modernos, a agorafobia foi descrita há mais de um século como "impossibilidade de andar nas ruas ou praças ou fazê-lo somente com medo ou sofrimento acentuado".

Segundo o DSM-IV, (*Diagnostic and Statistical Manual*) a agorafobia se caracteriza por ansiedade extrema de estar em locais ou circunstâncias cuja saída seja difícil ou, então, o auxílio ou socorro possa não estar disponível se houver ocorrência de um ataque ou de sintomas de pânico. A agorafobia leva as pessoas a evitarem situações cotidianas diversas, como ficar em casa sozinhas, estar em meio à multidão, sair de casa, andar de ônibus, carro, elevador, avião, trem, metrô ou ainda atravessar pontes, viadutos ou passarelas. Quase sempre as pessoas que sofrem de agorafobia necessitam da presença de outras pessoas de confiança para enfrentar essas situações.

Diante da relação freqüente entre pânico e agorafobia temos de separá-la em dois diagnósticos distintos. O DSM-IV descreve a agorafobia em duas situações:

1 Transtorno do pânico com agorafobia.
2 Agorafobia sem história de transtorno do pânico.

Em nossa experiência clínica diária, temos observado que a ocorrência de agorafobia sem história de transtorno do pânico é um diagnóstico raro. Na grande maioria dos casos, encontramos a agorafobia como parte ou conseqüência do próprio transtorno do pânico.

É importante entendermos que a agorafobia não trata de um simples temor ou evitação de lugares abertos ou fechados, ela engloba diversas circunstâncias que podem apresentar sutis diferenças de pessoa para pessoa, mas que possuem em comum o medo de estar longe de casa ou longe de pessoas que lhes dêem segurança. Fora dessas situações, tidas como seguras, os pacientes com agorafobia possuem intenso temor de apresentarem sensações físicas e psíquicas de ansiedade e isso acabar por desencadear crises ou ataques de pânico. O *medo de ter medo* define de forma precisa a essência desse quadro.

Nos pacientes que apresentam o transtorno do pânico com agorafobia, os sintomas de ansiedade costumam ser bastante variáveis, tanto na freqüência quanto na intensidade. Dessa maneira, esses sintomas podem-se manifestar desde um leve desconforto a uma esquiva generalizada, que inclui situações, pessoas e locais. Isso ocasiona, muitas vezes, a impossibilidade de o paciente sair de casa ou de fazê-lo somente em situações em que esteja acompanhado por pessoas que sejam referências de sua segurança.

O transtorno do pânico costuma apresentar ótima resposta terapêutica a determinados tipos de antidepressivos, porque esses remédios são bastante eficazes no controle dos ataques. No entanto, eles interferem de maneira bem menos perceptível na esquiva fóbica – evitação das situações ou locais onde os ataques de pânico tenham ocorrido anteriormente –, sobretudo se esta for acentuada e duradoura. É claro que o controle das crises de pânico gera, em muitas pessoas, maior segurança e predisposição para que elas enfrentem as situações ou locais que anteriormente eram evitados com afinco. Entretanto, grande parte dos pacientes com pânico e que apresentaram agorafobia intensa por longo período tende a manter o comportamento de evitação devido ao medo de terem outro ataque de pânico.

A evitação de situações, locais ou de pessoas diminui momentaneamente o medo, reforçando um ciclo vicioso de falsa segurança e controle. Por isso, a terapia cognitivo-comportamental (TCC) é tão importante no tratamento do transtorno do pânico com agorafobia, uma vez que esse tipo de abordagem psicoterápica prepara o paciente para enfrentar e romper essa "corrente" de medo, insegurança e incapacitação.

As situações e locais evitados por pacientes que apresentam transtorno do pânico com agorafobia são bastante diversos, pois dependem da vivência subjetiva e/ou objetiva de cada pessoa. Mesmo assim, observamos, em nossa prática diária, que determinadas situações e locais são evitados com uma freqüência significativa pela maioria das pessoas que sofrem dessa alteração comportamental. Entre elas, podemos citar:

- sair ou ficar em casa sozinho;
- permanecer em locais fechados e cheios como teatros, cinemas, restaurantes, shoppings, shows, estádios de futebol, festas em clubes, congestionamentos de trânsito etc.;
- andar de carro, ônibus, metrô e avião;
- enfrentar filas de banco;
- atravessar túneis, passarelas, pontes, elevados;
- entrar em elevadores;
- permanecer em consultórios médicos e de dentistas, escritórios em geral;
- freqüentar lugares muito amplos e abertos, onde a ajuda não possa estar à vista;
- realizar viagens e passeios mais distantes.

COMPREENDENDO O TRANSTORNO

Dizem que o primeiro beijo a gente nunca esquece, assim como o primeiro sutiã, o primeiro bombom oferecido como declaração de amor, a primeira paixão, o primeiro amor. São momentos mágicos, que povoam nossas lembranças e superlotam o escaninho de nossas almas, como diria Fernando Pessoa, ao se referir às cartas de amor. De forma inversa, porém não menos intensa, o mesmo acontece com o primeiro ataque de pânico. Por razões diametralmente opostas, o pavor vivenciado naqueles cinco–quarenta minutos em que a morte mostra a sua cara mais abusada, jamais abandona a memória de quem já teve ou tem ataques de pânico.

Se quisermos ter uma compreensão, pelo menos parcial, da tempestade indesejada que acomete nosso organismo durante uma crise de pânico, devemos raciocinar de forma simples e considerar que o nosso cérebro é detentor de um sistema de alarme – para detectar perigos e ameaças – e que, por circunstâncias ainda não completamente esclarecidas, esse sistema pode se desregular e desencadear alarmes *falsos* em situações que habitualmente não representam qualquer tipo de ameaça ou perigo para nós. Nosso sistema detector de ameaças funciona produzindo um alarme que sinaliza o perigo e nos prepara para situações nas quais precisaríamos correr, fugir ou mesmo tomar decisões de forma reflexa e imediata.

Todos nós já passamos por momentos pelos quais, devido a algum tipo de risco ou perigo, sentimos nosso coração bater mais rápido e forte. Percebemos nossa respiração mais intensa, nossos músculos tensos, nosso corpo quente e nossa pele suada. E foi em função dessas alterações em nosso organismo que fomos capazes de tomar atitudes que sequer imaginávamos ser capazes. Tal qual uma arma, nosso sistema de defesa cerebral possui um gatilho que, ao ser acionado por determinada situação de perigo ou de ameaça, é capaz de desencadear no cérebro uma verdadeira "explosão" de reações químicas, liberando neurotransmissores (substâncias que conectam as informações cerebrais e preparam o corpo para as ações) como a noradrenalina, dopamina e endorfinas, as quais deixam nosso corpo pronto para enfrentar um perigo real.

Algo bastante semelhante ocorre em uma crise de pânico. Tudo funciona como se houvesse de fato um perigo real, as mesmas alterações bioquímicas, as mesmas sensações e até as ações reflexas e imediatas de medo e insegurança. No entanto, a ameaça real *não existe*! É como se o sistema de alarme do detector de perigo tivesse sofrido um desajuste e sua programação de disparo, para horas específicas e necessárias, passasse a funcionar em horas erradas e inapropriadas. Sem qualquer lógica aparente e qualquer controle de nossa parte ou necessidade real, esse alarme passa a disparar de forma repentina, tomando-nos de assalto, deflagrando uma série de sintomas que, ao se repetirem ao longo do tempo, transtornarão toda nossa vida.

Situação análoga ocorreria se nosso despertador, que é programado para nos fazer acordar todos os dias às sete da manhã, passasse, de um momento para o outro, a disparar às duas, três ou quatro horas da madrugada, em noites sucessivas. Com certeza, esses despertares indesejados, com barulhos irritantes e estressantes, causariam sensações e conseqüências bastante desagradáveis em nossas vidas.

Desta forma, podemos afirmar que o ataque de pânico tem sua origem no aparelho cerebral do medo que, por diversos fatores, passa a apresentar sua sensibilidade alterada. Diversas estruturas do cérebro fazem parte desse sistema complexo que envolve o medo, a ameaça, o risco ou o perigo. Dentre elas destacamos o córtex prefrontal, a ínsula, o tálamo, a amígdala e o tronco cerebral, que são responsáveis pelo disparo e pela condução dessas reações, intermediadas, é claro, pelos citados neurotransmissores.*

De acordo com o DSM-IV, o transtorno do pânico é classificado dentro dos transtornos de ansiedade, aquela mesma ansiedade que faz parte do nosso dia-a-dia, mas, infelizmente, pode assumir o *status* de patologia que limita a vida de diversas pessoas e as faz sofrer de forma intensa e, às vezes, duradoura. Sem nenhuma dúvida, dentre esses transtornos de ansiedade, o transtorno do pânico é o que pode atingir as dimensões mais catastróficas, uma vez que os ataques constituem-se de crises agudas de ansiedade, de proporções quantitativas imensuráveis em um curto espaço de tempo.

CAUSAS: O FIO INVISÍVEL DO PÂNICO

As pessoas que sofrem de transtorno do pânico não costumam relacionar algum fato ou motivo óbvio que justifique a ocorrência dos primeiros ataques de pânico. No entanto, o que constatamos na prática clínica é que, na grande maioria dos casos, existe, sim, uma ligação com os eventos da vida dessas pessoas, e que esses foram responsáveis pelo desencadeamento das primeiras crises. Em uma investigação mais acurada, pudemos observar que esses eventos ou circunstâncias não ocorreram nas últimas

* Ver figura ilustrativa na página 189.

horas, últimos dias ou semanas, mas, sim, entre seis e dezoito meses antes.

Em geral, as pessoas com pânico ignoram totalmente essa ligação retrógrada, por isso resolvemos denominá-la *fio invisível*. Todavia, a conexão existe, e os pacientes, via de regra, fracassam em ligar os acontecimentos, o que demonstra que estão procurando no lugar ou no tempo errado. Eles, raramente, olham para um período de tempo que seja superior ao dia anterior, na tentativa de explicar seus ataques de pânico. Essa é a razão pela qual os pacientes fracassam em estabelecer a ligação correta, uma vez que usam um enquadramento dos fatos com um enfoque temporal totalmente distorcido.

É preciso olhar a meia distância quando queremos desvendar os fatos reais que desencadearam os primeiros ataques de pânico. Os pacientes que atendemos, em sua maioria, respondem "não" quando perguntamos se houve algum fato significativo em suas vidas na ocasião da primeira crise de pânico. No entanto, conforme vão descrevendo os meses anteriores ao primeiro ataque, acabam por revelar os mais diversos tipos de eventos estressantes: ruptura de casamento, cirurgia de emergência, um grave acidente ou ainda a morte de um ente familiar muito querido (pai, mãe, irmão).

Para todos nós, médicos e/ou psicólogos, que funcionamos como observadores externos, fica óbvio que eles estiveram sob um estresse intenso e prolongado e, por conta disso, o organismo preparou toda uma reação, visando munir aquelas pessoas de força e coragem para enfrentarem as ameaças representadas pelos acontecimentos traumáticos.

As demandas aumentadas de desempenho físico e mental, a que as pessoas estão sujeitas quando são expostas a eventos traumáticos, são suportadas pelo organismo por um determinado período de tempo (variável de pessoa para pessoa). No entanto, chega um momento em que esse frágil equilíbrio é quebrado e a "reação de medo", acionada pelo organismo, passa a ser disparada sem qualquer motivo imediato. Surgem, então, os recorrentes ataques de pânico que transtornam de forma abrupta a vida das pessoas.

SEPARANDO O JOIO DO TRIGO

Fazendo uma analogia com o ditado popular "nem tudo o que reluz é ouro", podemos encontrar pacientes que apresentam crises ou ataques de pânico, mas que não apresentam transtorno do pânico (TP). Isso ocorre porque essas crises foram originadas por outros motivos e não pelo fato de o paciente apresentar, efetivamente, o transtorno do pânico. Observamos, com relativa freqüência, ataques de pânico como conseqüência do uso de drogas como cocaína, *ecstasy*, anfetaminas (remédios para redução do apetite), álcool, maconha etc. Nesses casos, vamos observar que as crises de pânico costumam ocorrer no período de abstinência ou na intoxicação aguda, como é o caso das substâncias estimulantes (cocaína, anfetaminas ou mesmo excesso de cafeína e/ou nicotina).

Em nossa prática clínica, constatamos relatos de pacientes que nos procuraram por terem apresentado ataques de pânico em plena segunda-feira. Após uma investigação criteriosa, identificamos que tais crises ocorreram após um final de semana em que badalações, associadas a abusos de substâncias como as citadas acima foram companhias fiéis nos dias anteriores (sexta, sábado e mesmo domingo).

O exposto assemelha-se muito ao relato de Maurício, 25 anos, universitário e bancário, que nos procurou por apresentar sintomas de ataque de pânico.

> Sei que sou um cara agitado e ansioso, mas nunca tive maiores problemas com isso. Tenho uma namorada que adoro, trabalho e estudo normalmente, sem problemas na faculdade. Não sou santo, sempre gostei de festas e bares nos finais de semana, quando bebo, fumo muito e uso algumas "bolas" pra curtir e ficar mais solto e "ligado". Porém, de uns tempos pra cá vem acontecendo algo meio estranho. Estou tendo um tipo de "ressaca" diferente e muito ruim. Sinto falta de ar, dor no peito, meu queixo começa a tremer sozinho, os braços ficam dormentes e a sensação é de que vou morrer. Na minha cabeça passa um montão de coisas ao mesmo tempo e me dá a impressão que posso fazer mal a alguém a qualquer momento. Nunca contei nada pra minha namorada e pros meus amigos, pois fico com vergonha deles acharem que é frescura minha ou que sou fraco. Já estou evitando sair com minha turma, pois é uma coisa que não consigo controlar, vem de repente e é um mal-estar horroroso.

Além de descartamos situações de abuso de drogas, devemos também proceder a uma cuidadosa avaliação clínica para que outras patologias clínicas, que costumam provocar sintomas semelhantes a uma crise de pânico, possam ser descartadas. As principais situações clínicas que devem ser eliminadas, antes de firmarmos o diagnóstico de certeza de TP, são:

- HIPERTIREOIDISMO: conjunto de sinais e sintomas decorrentes do excesso de hormônios da tireóide;
- HIPOTIREOIDISMO: diminuição do funcionamento da tireóide;
- HIPERPARATIREOIDISMO: caracterizado pelo excesso de funcionamento das glândulas paratireóides;
- PROLAPSO DA VÁLVULA MITRAL: anormalidade cardíaca valvar mais comum, que pode ocasionar fadiga e palpitações;
- ARRITMIAS CARDÍACAS: alterações do ritmo cardíaco normal;
- INSUFICIÊNCIA CORONARIANA: deficiência da artéria coronária, responsável pela irrigação do coração;
- CRISES EPILÉPTICAS (especialmente as do lobo temporal);
- FEOCROMOCITOMA: tumor benigno localizado nas glândulas supra-renais (85% dos casos), com flutuação da pressão arterial, cefaléia, sudorese, palpitações;
- HIPOGLICEMIA: baixo nível de glicose no sangue.

COM FREQÜÊNCIA, O PROBLEMA NÃO VEM SOZINHO

É muito comum encontrarmos o transtorno do pânico acompanhado de outras alterações comportamentais, às quais costumamos chamar *comorbidades* ou transtornos secundários. Na realidade são problemas que, com o passar do tempo, o transtorno do pânico acaba carregando "debaixo do braço", transtornando ainda mais a vida do indivíduo.

Outros transtornos de ansiedade (como as fobias), a depressão e a hipocondria são freqüentemente encontrados nos pacientes com TP. A hipocondria pode ser justificada pela excessiva preocupação com a saúde, que faz com que o indivíduo utilize muitos medicamentos, submeta-se a consultas médicas constantes e à realização de uma bateria de exames em curto espaço de tempo. A hipocondria é até esperada nos portadores de transtorno do pânico, já que estes se preocupam muito com o seu corpo, com o seu funcionamento e a sua reação nas diversas ocasiões da vida.

O sofrimento vivenciado por um portador do transtorno do pânico também pode ser deflagrador de grandes prejuízos nos diversos segmentos de sua vida:

FINANCEIRO/PROFISSIONAL

São expressivos os gastos financeiros com médicos e exames laboratoriais, além de faltas e afastamentos no trabalho com auxílio-doença e, às vezes, internações em UTI, clínicas e hospitais psiquiátricos, sem nenhum benefício. É também muito comum ocorrerem recusas de promoções por falta de segurança e desmoralização ou pedido de demissão e dispensa em função da agorafobia.

SOCIAL

Com a ocorrência sucessiva das crises, o paciente se "recolhe" como um bichinho acuado e se restringe ao seu convívio familiar. As recusas dos convites sociais tornam-se cada vez mais freqüentes, devido ao receio de que uma crise possa-se desencadear a qualquer momento, o que leva automaticamente ao afastamento dos amigos e conhecidos.

De mais a mais, as pessoas de seu convívio social não conseguem entender, de fato, o que se passa com esse paciente, a não ser que ele seja muito amigo ou que já tenha passado ou visto algo semelhante.

FAMILIAR

Após várias consultas médicas e exames, que demonstram que o indivíduo não apresenta "nada", pelo menos aparentemente, os familiares podem supor que todo o sofrimento não passa de falta de força de vontade. Podem imprimir uma responsabilidade muito grande ao portador na superação dos seus desconfortos sozinho. Além do mais, não é raro que o paciente necessite de companhia para sair ou ficar em casa, o que acaba por tolher a liberdade das pessoas de seu convívio e trazer aborrecimentos conjugais e/ou familiares.

O ALÍVIO DO DIAGNÓSTICO... E FINALMENTE O TRATAMENTO

Nunca pensei que um diagnóstico pudesse soar de forma tão generosa em meus ouvidos. Após uma longa jornada, sem rumo e sem esperança, compreendi o que eu tinha. Descobri que poderia melhorar e ter de volta a minha vida.

Indubitavelmente, os pacientes, em sua maioria, sentem um extremo alívio com o diagnóstico correto, pois encontram justificativas para os seus sofrimentos e descobrem que podem ser tratados. Nesse aspecto, a empatia do médico e/ou terapeuta, ao se colocar no lugar do paciente e identificar suas angústias, é de fundamental importância. Nos tempos atuais, não cabe mais a figura de profissionais frios e insensíveis, com a postura de quem olha de cima, sem um mínimo envolvimento. É necessário que os pacientes sintam-se acolhidos e respeitados, com uma conduta que se diferencie dos inúmeros contatos que foram realizados anteriormente. Muitos deles nos chegam desesperançados por terem sido avaliados e julgados como indivíduos que têm tantas queixas, mas não apresentam "nada". É chegada a hora de rever nossos conceitos como profissionais de saúde e entender o "algo mais" de cada paciente que nos procura, tão fragilizado, em nossos consultórios. Sabemos que um indivíduo com pânico não está, definitivamente, diante de uma ameaça *real*, mas seu sofrimento *existe* e é muito expressivo! Além disso, deveria ser da essência de quem cuida de pessoas, ouvi-las com a alma e o coração, já que cada uma delas é detentora de todo um histórico de vida, emoções, cultura, hábitos, e de toda riqueza de uma experiência humana.

No meio de tantas informações, algumas corretas e outras sem o menor fundamento, muitas vezes colhidas na internet e em todos os meios de comunicação, o médico e/ou terapeuta modernos precisam aprender a serem também professores, ensinando, de forma simples, clara e confiante, tudo o que se passa com esse indivíduo: a evolução do seu quadro clínico, a conduta terapêutica a ser adotada, o tempo de tratamento e a sua real necessidade. A maioria desses pacientes já viveu situações constrangedoras e humilhantes no seu dia-a-dia, e o sofrimento não foi pequeno: ocasiões em que pararam no trânsito, tiveram de ser socorridos, interromperam suas compras, seus passeios, assustaram seus familiares e preocuparam a todos são absolutamente comuns nas suas vidas. Muitas perderam a esperança e a confiança em si mesmas; foram mal compreendidas e já consultaram inúmeros especialistas, sem qualquer explicação ou ajuda eficaz.

A esperança reina com o diagnóstico e tratamento adequados. Para tanto, é necessário que o médico esteja familiarizado com o assunto e que haja uma boa relação entre médico–paciente. A partir daí, a conduta terapêutica poderá ser estabelecida, com todas as chances de grande êxito.

TRATAMENTO MEDICAMENTOSO

No tratamento são usadas medicações que atuam de forma substancial nas crises, na ansiedade e na prevenção de novas crises. Desde o início das pesquisas, pôde-se observar que alguns antidepressivos teriam seu mérito no tratamento do transtorno do pânico, como demonstraram experimentos com a imipramina, um antigo antidepressivo tricíclico. Atualmente temos a opção do uso dos ISRS (Inibidores Seletivos da Recaptação da Serotonina), que atuam com eficiência comprovada e com menos efeitos colaterais. Porém, destacamos dois pontos importantes de serem lembrados com relação a esses medicamentos:

1 As substâncias conhecidas como antidepressivos têm sua ação reconhecida e segura em uma série de transtornos comportamentais além da depressão. Esse conceito é importante porque muitos perguntam o motivo de usarem uma medicação dessa categoria, se não se sentem depri-

midos. A atuação desses medicamentos no equilíbrio da serotonina (neurotransmissor que traz bem-estar ao indivíduo) tem efeitos extremamente positivos no quadro do transtorno do pânico e outros quadros ansiosos. Diminuem sensivelmente a ansiedade e, reconhecidamente, podemos citar a *paroxetina* e a *sertralina*, além de outros mais modernos como o *citalopram* e o *escitalopram*. Não podemos esquecer também dos mais antigos, como a *fluoxetina*, que trazem resultados expressivos para muitos pacientes.

2 A outra questão se refere ao tempo de ação terapêutica, que normalmente não é inferior a 20-30 dias, chegando em alguns casos a 45-60 dias, antes de obtermos alguns resultados satisfatórios. Sendo assim, é imprescindível que o médico oriente seu paciente, advertindo-o, inclusive, que no início do tratamento alguns efeitos indesejáveis, porém passageiros, podem estar presentes. Essa informação é fundamental, pois alguns pacientes acabam por desistir do tratamento, ainda na fase inicial, por total falta de conhecimento.

Quando, no início da administração da medicação, os efeitos adversos surgirem, os pacientes podem ter a falsa impressão de piora, caso não se sintam orientados pelo médico que os assistiu. Afora isso, são de extrema relevância avaliações médicas periódicas, já que o vínculo e a perfeita sintonia entre médico e paciente torna possíveis os ajustes, trocas ou associações medicamentosas para o melhor conforto do paciente.

Outro tipo de medicação muito utilizada no transtorno do pânico pertence à classe dos benzodiazepínicos. De efeito notadamente ansiolítico (diminui a ansiedade), esses medicamentos possuem a vantagem de terem ação mais rápida, o que traz importante alívio das crises já no início do tratamento. Além disso, também são usados em situações de emergências e em circunstâncias inesperadas – do tipo SOS –, o que garante maior segurança aos que sofrem do transtorno. Atualmente os mais usados são o *alprazolam* e o *clonazepam,* sendo este último de efeito mais satisfatório em nossa experiência.

De certa forma, achamos adequada a associação das duas classes de medicamentos no início do tratamento (antidepressivos e ansiolíticos). Aos poucos, suspendemos o uso dos tranqüilizantes, com manutenção apenas dos antidepressivos, reservando os benzodiazepínicos somente para casos de emergência. No entanto, diversas opções de tratamento são válidas, observando-se sempre a máxima de que "cada caso é um caso".

Freqüentemente encontramos dúvidas em relação ao tempo necessário para o tratamento. Tudo depende das características individuais do paciente e de sua resposta à medicação. Normalmente é recomendado um ano ou mais de tratamento antes de retirarmos completamente a medicação, para que não haja recaídas. É importante ter em mente que não há nenhuma conseqüência mais grave em decorrência do uso prolongado da medicação, principalmente no que concerne aos antidepressivos. Os pequenos incômodos, ou efeitos adversos, são extremamente menores do que o alívio e o benefício geral alcançado com o controle das crises. Outros medicamentos também podem ser usados no transtorno do pânico, ou já foram objetos de estudos e pesquisas, tais como os IMAOs, os betabloqueadores, a mirtazapina, a venlafaxina, além dos antidepressivos tricíclicos como a imipramina, citada no início deste tópico.

TRATAMENTO PSICOTERÁPICO

Outra conduta não-medicamentosa e que consideramos fundamental no tratamento do transtorno do pânico é a terapia cognitivo-comportamental (TCC). A pessoa que sofre de pânico tende a experimentar uma sensação de perigo constante e ter interpretações distorcidas dos sintomas físicos, o que acaba acarretando, inicialmente, na evitação ou esquiva das situações nas quais os ataques ocorreram. Os sintomas físicos, como sensação de sufocamento, aumento do batimento cardíaco, suor, dentre outros, são supervalorizados e interpretados catastroficamente como um aviso de perda de controle ou morte iminente.

A terapia de base cognitivo-comportamental, portanto, irá restabelecer o pensamento do paciente em relação à sua segurança, à avaliação das crises, ao medo de outras crises e à agorafobia, além de fornecer exercícios que facilitam o controle da ansiedade e da própria crise, caso ela ocorra. A TCC trabalha métodos que envolvem o controle da respiração, o relaxamento, a exposição às situações que lhe trazem temores e a reestruturação cognitiva (mudança na maneira de pensar). Traz o auxílio necessário na descoberta de seus pensamentos automáticos e como modificá-los, alterando assim os sentimentos decorrentes deles, com benefícios no controle de seu comportamento. Ela tem por objetivo estudar as condições nas quais se desenvolveram as crenças pessoais que, no momento, estão causando sofrimento à pessoa, impedindo-a de solucionar os seus problemas e conflitos e, assim, ajudá-la não somente a entender seus desconfortos como também a solucioná-los. Com essa abordagem o terapeuta funciona como uma espécie de "técnico" ou "treinador", com o qual o paciente aprende a ver de forma diferente o seu transtorno, dando uma nova interpretação aos fatos e sintomas que o acompanham.

Além das estratégias já citadas, outra muito utilizada é a exposição interoceptiva, na qual o paciente experimenta as mesmas sensações físicas percebidas no momento de um ataque de pânico, mas agora em ambiente seguro como o consultório ou casa, na presença de pessoas conhecidas e confiáveis. Portanto, exercícios como rodar rapidamente em uma cadeira giratória não são coisas de "maluco", mas, sim, uma das técnicas utilizadas para que o paciente se habitue à sensação de tontura que, muitas vezes, está presente numa crise de pânico.

Abaixo, relacionamos algumas dicas que podem ser muito úteis ao paciente no momento de crise:

Quando a crise começar, procure se lembrar de que irá sofrer e ter medo, mas essa angústia é passageira e você não morrerá.

Se estiver em casa, procure deitar, relaxar e de preferência ouvir uma música ou técnicas de relaxamento.

Tenha absoluta certeza de que a crise não durará muito tempo, mas somente alguns minutos. Muito embora pareça uma eternidade, o pico máximo da crise chega em dez minutos. Após isso, os sintomas indesejáveis diminuirão paulatinamente até desaparecerem por completo.

Quanto mais você relaxar, mais rápido passará a crise.

PROCURE FAZER A "RESPIRAÇÃO DIAFRAGMÁTICA", QUE CONSISTE NO SEGUINTE:

a | coloque uma das mãos na barriga e outra na região do peito;

b | inspire profundamente, procurando distender apenas o abdômen e não a região do peito;

c | ao expirar, solte o ar pela boca até sentir sua barriga totalmente vazia;

d | inspire suavemente pelo nariz (contando até três) e expire pela boca por um período maior (contando até seis). O ar não deve ser soprado no momento da expiração.

ESPERANÇA E VIDA QUE RETORNAM

Iniciamos este tópico com o relato de experiência de Rosiane, 32 anos, que traduz, de forma precisa, o resgate da esperança e da qualidade de vida ao encontrar diagnóstico e tratamento bem-sucedidos:

> Depois de muito sofrer e não ter a menor noção do que se passava comigo, encontrei com uma conhecida que não via há tempos. Expliquei toda minha angústia de tantos anos e, coincidentemente, ela já havia tido o mesmo problema e, graças ao tratamento, estava se sentindo ótima. Então, eu não era a única, pensei! Existia um nome para aquele mal-estar, diferente de todos os rótulos que eu já tinha ouvido. A alegria foi tão intensa, que meu desejo

era me consultar imediatamente com o psiquiatra que ela me recomendou. Naquela noite, fui tomada de uma forte emoção, uma vontade enorme de viver! Abraçava meus filhos de forma diferente e beijava-os o tempo todo. Queria dizer-lhes o quanto eu estava feliz por ter ouvido de alguém sobre a possibilidade de tratamento e alívio do meu sofrimento. Dois dias depois, lá estava eu no consultório médico falando tudo que havia passado. Senti um respeito, um carinho, uma solidariedade por parte dele, que nenhum profissional demonstrou em minhas peregrinações. Ele me explicou todo o processo do pânico e me disse algumas palavras que guardo até hoje: "O transtorno do pânico é tratável e você vai ficar bem. Você vai ver o mundo de outra maneira e ele será agradável e seguro para você, confie!"

Hoje tomo medicamentos controlados, mas não os vejo como inimigos e sim como aliados, pois sei que são necessários, por enquanto. Realmente minha vida tem outro sabor. Estou tentando ganhar o tempo perdido. Às vezes me pego rindo sozinha e hoje olho pela janela e admiro a chuva, o vento e tudo o que temia, sem o menor motivo para isso.

Agradeço muito a Deus por me sentir viva, com o astral lá em cima e ter a minha vida de volta.

Sabemos que temos um longo caminho a percorrer na descoberta da real causa do transtorno do pânico, para que a busca para o tratamento seja uma tarefa menos espinhosa para quem sofre do problema. Contudo, vale ressaltar que a informação é uma peça-chave para isso e, por mais que se fale sobre o assunto, ainda é muito pouco diante do sofrimento com que deparamos diariamente em nossos consultórios. Nossa tendência é sempre estigmatizar qualquer condição ou problema que afete o nosso cérebro. No entanto, quem sofre de pânico, e hoje recebe ajuda especializada, sabe da real importância de cortar essa ciranda com melodias nada festivas. O pânico "cutuca e machuca", e quem é da família sabe que respinga em todo mundo.

A RECONSTRUÇÃO

Embora, para as vítimas do pânico, o problema pareça confuso e ilógico, quando elas começam a compreender a reação involuntária de medo que nosso organismo possui para nos proteger, tudo passa a fazer sentido.

Sabemos que existe muito sofrimento envolvido; a vida de quem sofre desse transtorno gira em torno do pânico e do medo. Mas é importante saber que é possível superar tudo isso e sair da órbita aterrorizadora do medo, voltando a ser capaz de se concentrar na vida cotidiana e normal. No entanto, quando isso acontece, a pessoa geralmente necessita fazer alguns rearranjos em sua vida cotidiana. Os anos de concentração em torno do pânico, freqüentemente significam que o indivíduo deixou de lado muitas coisas que faziam parte de sua vida (profissão, lazer, família etc.) e que davam sentido à sua existência.

É de total relevância deixar bem claro que o transtorno do pânico não prejudica de modo permanente suas funções mentais. Estas permanecem incólumes, mesmo após as piores experiências de pânico. A concentração, a memória, as capacidades intelectuais, a alegria e a sensação de bem-estar são apenas temporariamente suprimidas pelo medo. Nenhuma delas se perde de forma permanente. Tudo pode ser recuperado, e até mesmo melhorado, com a superação do pânico.

Em se tratando de pânico, a citação de Nietzsche – filósofo alemão do século XIX – resume bem todo esse processo ao se referir ao sofrimento como um rico material de crescimento e encorajamento às dificuldades com as quais deparamos: "O que não me mata me fortalece".

• • •

CAPÍTULO • 3

TRANSTORNO DE ANSIEDADE SOCIAL (TAS)

MEDO

Se eu tento ser direto,
o medo me ataca
Sem poder nada fazer
Sei que tento me vencer
e acabar com a mudez
Quando eu chego perto, tudo
esqueço e não tenho vez
Me consolo, foi errado
o momento, talvez
Mas na verdade, nada
esconde essa minha timidez

Timidez, BIQUINI CAVADÃO

TIMIDEZ, DÁ UM TEMPO!

É comum ouvirmos amigos, parentes e até mesmo desconhecidos afirmarem que são tímidos. Uns, ainda que apresentem certa extroversão social, juram que no fundo, bem lá no fundo, são tímidos essenciais. Mas afinal, o que é timidez? Uso de total franqueza para lhes afirmar que até hoje, após quase vinte anos de profissão, não consegui elaborar nenhuma definição que possa, de fato, descrever o que é a timidez. Para meu consolo, pude verificar, ao aprofundar meus estudos nessa dimensão humana tão intrigante, que vários autores e pesquisadores também tentaram elaborar teorias que pudessem desvendar essa faceta do comportamento humano que aflige tantas pessoas.

Apesar de existirem muitas teorias sobre a timidez, ninguém sabe exatamente o que ela significa. Por outro lado, todos são unânimes em reconhecer sua força. Isto porque a timidez pode transformar toda a existência de uma pessoa. Enquanto ela evoluir ao longo de toda a vida, é capaz de estender seus "tentáculos" por todos os aspectos da vivência humana, desde os planos profissionais, reduzindo ou impossibilitando aspirações e desempenhos, até às questões pessoais e sociais, como dificuldades em relacionamentos afetivos (noivados, casamentos, criação de filhos) e o estabelecimento de elos de amizade e companheirismo. A timidez costuma se transformar, ou melhor, intensificar-se, à medida que amadurecemos e enfrentamos novos desafios.

No dia-a-dia, costumamos identificar a timidez pelo desconforto e pelas inibições que as pessoas apresentam em seus comportamentos, quando se encontram na presença de outras pessoas. As manifestações mais comuns e facilmente perceptíveis são: o silêncio, o retraimento físico, o rubor na face (vermelhidão no rosto), a gagueira na fala e a sensação de ansiedade. Devemos entender como "inibição do comportamento" a timidez que pode ser observada pelos outros como a quietude e o afastamento das pessoas e/ou de ambientes agitados ou estimulantes.

Em nossa prática clínica diária, pudemos observar que os tímidos ficam inibidos ou retraídos quando enfrentam o "novo", principalmente em situações sociais não-familiares. Eles costumam apresentar uma preocupação excessiva sobre os seus desempenhos sociais e também sobre a imagem que as pessoas desconhecidas terão de seus comportamentos. Para eles, situações sociais são eventos imprevisíveis e incontroláveis. Ousamos ir um pouco mais além: constatamos que as pessoas tímidas, em sua grande maioria, tendem a se prender a rígidas rotinas, previamente estabelecidas em cima do que já foi vivenciado e testado por elas. Por isso mesmo, os tímidos agem de forma relativamente constante, com o intuito de reduzir as novidades e as incertezas do cotidiano. Tal qual numa luta, criam uma tática de fuga ou evasão com o objetivo claro de se sentirem seguros. No entanto, essa mesma segurança acaba por limitar muito as possibilidades de experiências vitais, contribuindo para alimentar ainda mais a engrenagem da timidez. É aquela velha história de que tudo na vida tem seu lado positivo e seu lado negativo, até porque não existem ganhos sem perdas, e viver é o eterno desafio de equilibrar essa engrenagem, que já vem malhada antes mesmo de nascermos.

Antes de prosseguirmos, é fundamental que façamos uma pequena, porém necessária, distinção entre timidez e introversão, pois notamos que a maioria das pessoas confunde essas duas características do comportamento humano. Pessoas introvertidas não são necessariamente tímidas. Elas têm as habilidades de convívio social e auto-estima suficiente para obterem êxito nos relacionamentos com outras pessoas, porém possuem a preferência explícita de ficarem sozinhas. Os introvertidos se sentem bem, e até mesmo revigorados, pela solidão voluntária e não apresentam qualquer ansiedade ou necessidade de aprovação quando estão na companhia dos outros. A inibição, os pensamentos de derrota e a ansiedade sobre o desempenho, tão freqüentes nos tímidos, não ocorrem com os introvertidos.

Quando as pessoas tímidas se abrem e revelam seus sentimentos, geralmente em suas terapias, demonstram um desejo intenso que as outras pessoas as notem e as aceitem. No entanto, julgam-se incapazes de exercer as habilidades, os sentimentos, os pensamentos e as atitudes necessárias a uma boa interação social.

Chamamos de sociabilidade o desejo de estar com outras pessoas. O fato de as pessoas tímidas terem dificuldades no aspecto dos relacionamentos sociais não significa que elas sejam "anti-sociais". Indivíduos anti-sociais são aqueles que se relacionam sem qualquer restrição com as mais diversas pessoas, mas não seguem a ética necessária para que esses relacionamentos sejam benéficos para todas as partes neles envolvidos. Os anti-sociais têm valores próprios que não guardam qualquer relação com os valores morais e éticos necessários a uma boa e saudável convivência social. Esses indivíduos, também conhecidos como sociopatas, em geral, apresentam-se camuflados de boas pessoas e utilizam a boa vontade e generosidade dos outros para tirarem os mais valiosos resultados individuais. Abrangem desde os estelionatários (populares "171") até os perigosos delinqüentes, como os *serial killers*. Por isso, a confusão que muitos fazem ao chamar pessoas tímidas de anti-sociais é um erro grave e uma enorme injustiça cometida com os tímidos.

Na timidez, é justamente o conflito entre o desejo do contato social e a cruel presença da inibição o responsável por tanto sofrimento vivenciado e relatado pelas pessoas tímidas. Os tímidos apresentam sociabilidade, ou seja, possuem o desejo de se relacionar com os outros, mas não sabem como fazê-lo.

A natureza da timidez é multifatorial, isto é, sua causa depende de vários fatores, que incluem basicamente o nosso temperamento – herança genética que determina nossa bioquímica cerebral e nossa reatividade diante das coisas – e nossas vivências acumuladas desde a mais tenra idade. Por isso mesmo, a timidez se desenvolve à medida que envelhecemos e somos desafiados pela vida a enfrentar novas circunstâncias. Em função dessa natureza mesclada de timidez, observamos que algumas pessoas passam por fases de timidez e as superam, enquanto outras, em função de grandes decepções, perdas ou dificuldades constantes, acabam perdendo as esperanças e se retraem de forma intensa para dentro de si.

A timidez costuma ser bastante comum na adolescência. Nessa fase da vida o indivíduo passa a se preocupar muito com a imagem que os outros fazem dele. Não é à toa que, nessa fase, tanto meninos como meninas tendem a andar em grupos específicos, nos quais são aceitos por apresentarem determinados comportamentos, pensamentos, visuais e posturas. Esses grupos funcionam como uma "muralha de proteção" para os adolescentes, pois criam uma sensação de segurança coletiva e aliviam as dificuldades que eles apresentam nas interações sociais mais amplas, que deveriam ser exercidas de forma individual.

A timidez é uma ansiedade normal, e podemos afirmar que a maioria das pessoas se sente ansiosa em situações sociais. Exemplos típicos de circunstâncias que podem fazer qualquer pessoa se sentir tensa ou tímida são: as entrevistas de emprego, falar em público, encontros afetivos, festas surpresas de aniversário etc. Todos nós já passamos por algum tipo de situação como essas e podemos lembrar, sem muito esforço, das batidas aceleradas do coração, das mãos levemente trêmulas e úmidas e daquele "friozinho" na barriga. Essa ansiedade social costuma passar rapidamente, durante ou logo após o término do evento que foi gerador da ansiedade. Dessa forma, a ansiedade social ou timidez não é incapacitante e pode, muitas vezes, até contribuir para um bom desempenho em determinadas situações sociais. Isto porque o tímido, por se saber tímido, tende a se preparar previamente e com mais afinco para esses eventos.

Tal qual a tristeza, que é uma reação normal de nós, seres humanos, e a depressão – a sua correspondente adoecida –, a ansiedade social, ou timidez, também é uma reação humana normal e, às vezes, útil. Já o transtorno de ansiedade social (TAS) é a sua equivalente patológica.

QUADRO DE DIFERENÇAS ENTRE TIMIDEZ (ASN) E TIMIDEZ PATOLÓGICA (TAS)

Ansiedade Social Normal (timidez)	Transtorno de Ansiedade Social (timidez patológica)
Necessidade moderada de aprovação pelos outros.	Necessidade extrema e absoluta de aprovação pelos outros.
Pode apresentar uma expectativa de aprovação em relação aos outros.	Expectativa constante de avaliação negativa pelos outros.
Consegue tolerar a desaprovação.	A desaprovação é vista e sentida como uma grande tragédia.
"Gafes" sociais são esquecidas com relativa naturalidade.	As "gafes" sociais são remoídas na forma de pensamentos obsessivos acompanhados de tristeza e auto-recriminação.
Reações duvidosas dos outros são interpretadas com razoável flexibilidade	Reações duvidosas dos outros sempre são interpretadas de forma negativa.

TAS OU FOBIA SOCIAL: QUANDO A TIMIDEZ SE TORNA PATOLÓGICA

O transtorno de ansiedade social (TAS) ou fobia social é muito mais do que timidez. Ele ocorre quando a ansiedade é excessiva e persistente ou constante. Há um medo enorme de se sentir o centro das atenções, de estar sendo permanentemente observado ou julgado negativamente. Os eventos sociais são preferencialmente evitados ou, quando isso não é possível, são suportados com imenso sofrimento. Na maioria das vezes, o medo e a ansiedade começam dias ou semanas antes de o evento social ocorrer, e são desencadeados pela mera expectativa de vivenciar a situação temida. Como se não bastasse esse sofrimento prévio, após o evento, é comum o tímido patológico ficar avaliando, de forma negativa, a sua *performance*.

O portador de TAS, fobia social ou timidez patológica costuma se isolar e sofrer uma profunda sensação de solidão. Ele julga ser o único culpado de seus problemas e estes não seriam compreensíveis para as outras pessoas.

O principal sintoma do TAS é a ansiedade excessiva na presença de outras pessoas. Essa ansiedade está diretamente relacionada com o medo de ser avaliado de forma negativa pelos outros e pode se apresentar de forma circunscrita ou generalizada. No transtorno de ansiedade social tipo circunscrito, a ansiedade excessiva encontra-se restrita a uma ou poucas situações como comer, escrever ou falar em público. Já no tipo generalizado, a ansiedade excessiva ocorre em grande número de situações sociais, tais como falar com estranhos, ir ao banheiro em lugares públicos, falar ou tratar com pessoas hierarquicamente superiores ou ainda em qualquer situação em que possa ser observado ou avaliado (julgado).

Na maioria das vezes, as situações potencialmente geradoras de ansiedade excessiva são vividas com intenso desconforto ou quase sempre evitadas. O contato ou, simplesmente, a expectativa de contato com essas situações, desencadeia sintomas físicos visíveis como rubor facial (vermelhidão no rosto), sudorese intensa (suor, principalmente na parte superior do corpo), tremores, tensão muscular, voz oscilante (fala tremida), taquicardia (aceleração do coração) e boca seca. Na maioria dos casos de TAS, o paciente acredita que todos ao seu redor percebem a sua extrema ansiedade, e este fato contribui para que ele fique mais tenso, pois julga que as pessoas o acham "estranho", "nervoso" e até mesmo "arrogante".

Pode ocorrer que, ainda de forma eventual, os sintomas de ansiedade em pacientes com fobia social cheguem a um verdadeiro ataque de pânico. A pessoa é dominada por uma intensa sensação de medo e de que algo terrível possa ocorrer com ela, inclusive morrer, além de apresentar os sintomas físicos como taquicardia, falta de ar, tremores, tontura, sudorese, náuseas, dores abdominais, pressão no peito etc. Quando, dentro da fobia social, o indivíduo chega a sofrer um ataque de pânico, ele tenta fugir da situação desencadeadora da tensão o mais rápido possível, o que acaba por lhe causar sentimentos profundos de humilhação e vergonha.

◇

Carlos é comerciário, tem 29 anos e resolveu procurar ajuda quando já havia passado por um longo período de sofrimento. Sobre isso ele relata:

> Sou muito tímido. Aliás, sinto que é mais do que isso porque não consigo ter contato com muita gente. Em todos esses anos da minha vida passei evitando pessoas que não conheço, preferindo ficar em casa a freqüentar lugares, onde poderia me divertir um pouco.

> Terminei meus estudos do colégio, mas não tive forças para enfrentar a faculdade. Sempre que precisava perguntar alguma coisa ao professor ou colega, minha voz começava a tremer e me dava um "branco total", passava a maior vergonha e meus colegas me ridicularizavam. Até tentei fazer cursinho, mas era muito difícil permanecer na sala de aula e não conseguia abrir minha boca. Falar com alguém é um verdadeiro suplício: fico muito tenso, transpiro bastante e meu coração dispara. Trabalho desde os 19 anos na empresa da minha família, que é o meu "porto seguro", mas sempre evito ter contato com os clientes. Perdi várias namoradas, pois nunca sei direito o que conversar, parece que não tenho assunto e fico sem jeito. Todas as tentativas foram absolutamente frustradas e sinto que sou a pior pessoa do mundo. Preciso de ajuda, isso não pode ser normal.

Como podemos observar no relato acima, o transtorno de ansiedade social costuma causar grandes prejuízos na vida profissional, escolar, social e afetiva das pessoas. Algumas destas chegam a evitar praticamente qualquer situação social. Há, ainda, poucas delas que conseguem ir a uma festa ou mesmo fazer novos amigos, no entanto, apresentam ansiedade extrema para falar, comer ou escrever em público. O importante a destacar não é em qual situação o indivíduo fica ansioso, mas, sim, a forma, a intensidade e a quantidade com que o medo afeta sua vida.

COMO PENSAM OS TÍMIDOS PATOLÓGICOS

Vimos que indivíduos que sofrem de transtorno de ansiedade social, ou timidez patológica, possuem um modo peculiar de pensar sobre si próprios e, neste aspecto, percebemos que todos eles têm um medo excessivo de serem avaliados ou de serem o foco da atenção dos outros ao seu redor. Temem serem avaliados negativamente. Essa maneira de pensar domina de tal forma o dia-a-dia dessas pessoas, que passa a atrapalhar suas atividades sociais, profissionais e afetivas, tornando os relacionamentos interpessoais, em geral, causa de muito sofrimento.

Os pensamentos ou crenças que povoam a mente dos pacientes com transtorno de ansiedade social (TAS), no que tange à sua própria autopercepção (maneira como eles vêem a si próprios), podem ser sintetizados por quatro pensamentos básicos em situações sociais:

- Tenho de parecer competente.
- Se cometer qualquer erro, ninguém vai gostar de mim.
- Se perceberem o quanto estou ansioso vão me julgar um tolo.
- Se não conseguir falar nada interessante sobre um determinado assunto será uma tragédia.

COMO OS FÓBICOS SOCIAIS PENSAM QUE OS OUTROS PENSAM

Como se não bastassem os pensamentos tão autodestrutivos que os fóbicos sociais nutrem por si mesmos, eles ainda possuem a mente povoada por crenças sobre como as pessoas ao seu redor pensam a seu respeito. Esses pensamentos podem também ser sintetizados por quatro frases básicas, que nos dão toda a dimensão da visão depreciativa que o fóbico social imagina que as pessoas têm dele:

- Que cara idiota.
- Ele não consegue se controlar e só faz vexame.
- Ele tem algo de muito errado.
- Ele é muito estranho mesmo, tem algo de esquisito.

QUEM SOFRE DE TIMIDEZ PATOLÓGICA?

A pessoa que sofre de TAS (transtorno de ansiedade social) costuma achar que seus problemas com os outros são algo que somente eles sentem e, por essa razão, são incompreensíveis para as demais pessoas. Por esse motivo, os tímidos patológicos passam a se isolar cada vez mais e acabam vivendo uma insuportável sensação de solidão.

O TAS acomete cerca de uma em cada oito pessoas. Afeta homens e mulheres, aproximadamente na mesma proporção, e costuma iniciar na adolescência e perdurar por toda a vida (curso crônico) se não for tratado. Esconder os sintomas por vergonha só aumenta o problema, pois atrasa o início do tratamento, que será mais eficaz quanto mais cedo puder ser estabelecido e seguido pelo paciente.

O TAS E SEUS ASSOCIADOS

Já vimos diversas vezes que, em medicina do comportamento, um transtorno costuma vir acompanhado de outros transtornos, que denominamos comorbidades. No caso do TAS, a depressão e o abuso de álcool ou outras drogas são parceiros bastante constantes e representam doses a mais de sofrimento para essas pessoas. No caso da depressão, o paciente com TAS, além de seus sintomas já descritos e analisados, passa a apresentar um sentimento de tristeza persistente, perda do interesse e do prazer, redução geral da energia física e mental, além de dificuldades do sono, da atenção, da concentração, do raciocínio e do apetite. Além disso, a pessoa se sente culpada por não obter um bom desempenho social, profissional ou afetivo e chega a pensar na possibilidade de sumir ou morrer como uma forma eficaz de aliviar todo seu sofrimento. A presença da depressão em um paciente com TAS torna o caso mais sério e mais urgente de ser tratado de forma eficaz, uma vez que a cota extra de dor advinda da depressão dificulta muito a melhora da ansiedade social excessiva que, cá entre nós, já é bastante difícil de ser superada.

Outro parceiro indesejável do transtorno de ansiedade social é a "automedicação", ou seja, o paciente tenta vencer os sintomas da timidez excessiva utilizando álcool, drogas ou medicamentos inadequados. A intenção, até que é boa, pois a pessoa tenta, com a utilização desses recursos, tornar-se "mais sociável". Mas, como todos nós sabemos, boas intenções nem sempre nos conduzem a bons locais ou a bons resultados: o alívio obtido com o abuso de álcool e outras drogas e medicamentos impróprios pode ocasionar problemas na vida do paciente e prejudicá-lo ainda mais.

É interessante observar situação semelhante no depoimento de Marisa, 25 anos, e sua luta de anos com relação ao TAS:

Desde que eu me entendo por gente sempre fui muito insegura. Lembro-me bem das sensações desagradáveis na minha infância e adolescência que, na época, eu definia como "medo". Enquanto crescia, mais difícil se tornava meu relacionamento com as pessoas. Na faculdade tudo ficou mais complicado, praticamente insuportável. Via-me só, tendo de lidar com situações de que na realidade, até então, passei a vida toda me esquivando. Tinha medo das pessoas distantes e desconhecidas, nunca soube explicar direito. Enquanto o pessoal da minha classe formava seus grupinhos, eu me esforçava para não demonstrar o que tanto me afligia, fugindo de todos. Encontros com o pessoal da turma após as aulas era uma verdadeira tortura! E foi nesse período que comecei a beber. Primeiro foram alguns chopes pra relaxar, mas depois as portas se abriram para outras drogas também. A maconha era a minha grande aliada, pois conseguia enfrentar tudo e todos sem maiores problemas e, a qualquer hora do dia, estava "livre" para viver. Contudo, meu rendimento escolar foi decaindo a olhos vistos e sabia que precisava de apoio. Felizmente pude contar com o apoio incondicional da minha família que, além de palavras de incentivo e carinho, procurou um especialista. Consegui me livrar (só Deus sabe como!) das drogas e das bebidas alcoólicas, porém me encontrar com as pessoas se tornou mais difícil. Como enfrentá-las, agora, de "cara limpa"? Hoje sei que sofro de fobia social e faço tratamento apropriado para isso. Muitas situações ainda são muito complicadas para mim e os sintomas desagradáveis não cessaram totalmente, mas a cada dia me sinto mais fortalecida. Tenho certeza que falta pouco para levar uma vida inteiramente normal.

Quando esta infeliz parceria (drogas e TAS) se estabelece, é essencial tratarmos ambas as alterações comportamentais, uma vez que o abuso ou dependência de drogas pode potencializar os sintomas fóbicos, principalmente na abstinência das substâncias utilizadas como aliviadores do desconforto da exposição social.

Embora o indivíduo se sinta mais "solto" e à vontade com o uso dessas substâncias, o que facilita o contato social, isso acaba por aumentar os sintomas do TAS, fazendo com que ele busque mais e mais "drogas" para se automedicar. Isso causa efeitos deletérios para o organismo, os quais, muitas vezes, são piores do que o próprio transtorno que originou a sua dependência química. É o eterno ciclo do "bombeiro" que utiliza gasolina ou álcool para tentar apagar as labaredas de fogo que queimam a floresta ao redor de sua casa, em vez de utilizar a água do riacho que passa a uma pequena distância de sua residência.

E O TRATAMENTO?

Não há qualquer dúvida sobre a eficácia da combinação de medicação adequada e psicoterapia de linha cognitivo-comportamental (TCC) para o tratamento do transtorno de ansiedade social, fobia social ou timidez patológica.

No que se refere ao tratamento medicamentoso do TAS, podemos destacar a utilização de substâncias conhecidas como antidepressivas, os betabloqueadores e alguns tipos de benzodiazepínicos (calmantes).

Tanto os betabloqueadores quanto os benzodiazepínicos controlam alguns sintomas específicos do TAS como tremores, taquicardia e sudorese, e são mais eficazes nos tipos circunscritos (específicos) de fobia social, como assinar cheques em público. Mas é importante destacar que, especialmente os benzodiazepínicos (alprazolam e clonazepam) podem ser utilizados no início do tratamento, para que ofereçam aos pacientes um alívio imediato de seus medos e tensões, em geral crônicos. Além disso, a associação dos benzodiazepínicos com alguns antidepressivos utilizados pode potencializar o efeito deles nos primeiros meses (dois a três) de tratamento. Após essa fase inicial, tanto os betabloqueadores quanto os calmantes devem ser retirados, gradativamente, e o tratamento ser calcado basicamente nos antidepressivos e na psicoterapia cognitivo-comportamental (TCC).

Os antidepressivos que mostram eficácia no tratamento do TAS são: os inibidores seletivos da recaptação de serotonina (ISRS), os inibidores da monoaminoxidase (IMAOS) e um inibidor da recaptação de serotonina e noradrenalina (IRSN).

Nossa experiência tem nos levado a preferir os inibidores seletivos da recaptação da serotonina (ISRS), tanto por seus resultados clínicos favoráveis quanto pela sua segurança e reduzida taxa de efeitos colaterais.

Os IMAOS, por serem medicações que exigem uma dieta rigorosa e específica e um monitoramento mais cuidadoso, em geral, devem ser evitados ou reservados para casos que se mostrem resistentes à utilização das medicações anteriormente citadas.

É fundamental entender que as medicações ajudam a controlar a ansiedade exacerbada, especialmente aquelas tão intensas que se manifestam como os ataques de pânico. Isso facilita muito, e de forma decisiva, que as pessoas possam enfrentar situações temidas e até evitadas a qualquer custo.

A terapia de base cognitivo-comportamental (TCC), tanto individual quanto em grupo, também é de grande importância para o tratamento do transtorno de ansiedade social. Com técnicas e tarefas específicas, a TCC visa mudar as crenças errôneas que o fóbico social tem de si mesmo, ajudá-lo a enfrentar as situações que lhe causem ansiedade, bem como "treiná-lo" para adquirir um melhor desempenho social.

Contudo, não podemos esquecer que o enfrentamento das situações temidas requer coragem e determinação de cada pessoa que sofre com o TAS. No decorrer do tratamento podemos apresentar altos e baixos, afinal falhas e enganos fazem parte de nossa existência, especialmente quando estamos nos permitindo a abertura de caminhos que nos levem ao desenvolvimento de novas e transcendentes habilidades. Um tratamento sério, honesto e sem falsa demagogia não promete milagres "baratos", mas, sim, deve oferecer aos pacientes subsídios para que tenham condições de enfrentar as situações sociais, e que o medo de passar por situações constrangedoras deixe de ser um problema tão sério em suas vidas, a ponto de impedir que sejam felizes.

Não poderia deixar de destacar que este transtorno é passível de ser superado, atingindo-se os objetivos. Deixo aqui alguns exemplos, tais como falar para um grande público (palestra ou conferência), fazer novos amigos, participar de festas e reuniões, convidar alguém especial para um encontro romântico, expor suas opiniões diante dos colegas de trabalho ou mesmo diante de seus superiores, entre outras situações nas quais a capacidade de socialização faz toda a diferença. Como todo caminho que nos conduz a bons lugares, o início exige empenho, dedicação e fé (crença na fração divina que há dentro de cada um de nós), no entanto, ao final de tudo, você terá a certeza de que valeu a pena. Será você com você mesmo, sem medos e sem ilusões. É como "pescar" a vida real e essencial que sempre esteve e estará dentro de cada um de nós.

• • •

CAPÍTULO • 4

MEDOS DIVERSOS

MEDO

Não me deixe só
Eu tenho medo do escuro
Eu tenho medo do inseguro
Dos fantasmas da minha voz

Não me deixe só, VANESSA DA MATA

FOBIAS ESPECÍFICAS: O QUE OS OLHOS NÃO VÊEM O CÉREBRO NÃO SENTE

Existem determinados assuntos que sempre geram discussões calorosas, quando são postos em uma reunião descontraída entre amigos. Religião, futebol e política dão sempre o que falar, mas podem, muitas vezes, estremecer ou mesmo colocar fim em velhas amizades.

Outros temas, no entanto, despertam curiosidade e até sentimentos de cumplicidade. Sem dúvida, os medos específicos são esse tipo de assunto. Afinal, em termos de impedimentos criados por determinados medos, encontramos gente que não dirige, não anda de escada rolante, não suporta trovoadas ou escuridão; pessoas que se apavoram ao ver insetos, aves ou animais de maior porte, como cães, gatos ou cavalos. Existe também aquele grupo, não tão pequeno assim, que desmaia de forma súbita ao ver sangue, seja o seu próprio ou o de outras pessoas. Todos esses exemplos constituem o que a medicina denomina de *fobias específicas* que, até pouco tempo atrás, eram chamadas de fobias simples.

Parece uma bobagem semântica a troca de nome efetuada em relação a esses medos exagerados; no entanto, particularmente, essa nova denominação me agrada bastante, pois as fobias específicas, de simples, na maioria das vezes, não têm nada! Sua abordagem terapêutica costuma ser bem mais complexa que a fobia social ou timidez excessiva (discutida anteriormente), por exemplo, isso sem falar no seu diagnóstico e na sua compreensão psicodinâmica. Além disso, podemos afirmar que a falta de conhecimento do público em geral sobre as fobias específicas é, no mínimo, bastante considerável.

Quem de nós já não viu um filme de ação, no qual o policial, ou mesmo o bandido, se vê paralisado em alguma situação na qual, involuntariamente, se percebe em um local muito alto ou se desespera ao ser surpreendido por um elevador pifado? Na vida real, quem não tem algum parente ou amigo que não apresente algum tipo de medo ou fobia específica?

Excetuando as pessoas que mostram grandes dificuldades de relacionamentos sociais, praticamente todos nós já presenciamos ou fomos coadjuvantes de grandes "micos" públicos na companhia de amigos mais íntimos. Se você observar bem ao seu redor, sempre encontrará uma história para contar.

Eu mesma tenho o caso de uma grande amiga que apresentava fobia de gatos. Para ela, aqueles peludos, elegantes e fofos animais eram tão ameaçadores e perigosos quanto um tigre ou um leopardo selvagem e faminto, que poderia atacá-la a qualquer momento. Dela só sobrariam os ossos, que seriam utilizados para a realização de exame de DNA, com o objetivo de identificação do que, um dia, fora minha amiga. Perdi a conta dos ataques de desespero que Roberta apresentou em lojas, restaurantes, clubes, ruas, bancas de jornal e tantos outros locais onde deparávamos um simples bichano. E pode apostar: aonde Roberta for, um gato grande, gordo e lindo, invariavelmente, aparecerá.

Há cerca de dez anos, eu e mais cinco amigas mais íntimas presenteamos a Beta com um jantar de gala no restaurante mais chique da cidade. Um local fechado, decorado com tapetes persas, obras de arte e tudo mais que pode dar requinte a uma nobre ocasião, no caso, os trinta anos da nossa querida amiga. Escolhemos aquele local pois, além de ser "a cara" da aniversariante, ela mesma já nos tinha dito que o único lugar do mundo onde ela não teria medo de encontrar um gato seria, exatamente, naquele restaurante.

Tudo corria muito bem, Roberta era só felicidade e o serviço estava caprichado, à altura daquela ocasião. Não faltaram mimos, aberturas de presentes, brindes com espumantes, fofocas "da hora", lembranças da juventude, declarações bombásticas do presente de todas nós, demonstrações de carinho explícito, lista dos projetos para a década etária que se iniciava, tudo isso entre risos e muita descontração. Tínhamos a sensação que o restaurante era inteiramente nosso e sequer percebíamos pessoas ao nosso redor (que não eram poucas).

Tudo perfeito! Repentinamente, Roberta se levantou pálida, deixou cair o guardanapo, seus talheres e alguns presentes que estavam em sua trajetória, saiu em disparada em direção à porta e, na contramão, foi atropelando as pessoas que entravam no restaurante. Todas nós ficamos estarrecidas por alguns segundos, assim como as demais pessoas do recinto. Em frações de segundos, ela se encontrava do outro lado da rua, desesperada, implorando abrigo a um simpático porteiro de prédio. Corri atrás dela e presenciei uma triste cena: Beta sentada, toda encolhida e tremendo, sem qualquer controle, no sofá daquela portaria, segurando a mão do porteiro que tentava, em vão, desvencilhar-se e abrir a porta para que eu pudesse entrar. Bati forte no vidro e gritei pedindo à Beta que deixasse o porteiro com as mãos livres para que eu pudesse socorrê-la.

Funcionou! Entrei no prédio, segurei suas mãos e me limitei a abraçá-la, de forma que se sentisse mais protegida. Eu já sabia, não precisava perguntar nada! Embora eu não tivesse visto e me custasse acreditar, com certeza Betinha avistara um gato. Com o auxílio do próprio porteiro consegui reaver minha bolsa. Nela, além da "maçaroca" que toda mulher carrega, havia uns remedinhos de emergência, que é natural que alguém da minha profissão carregue. Quando avistei aquele vidrinho no fundo da bolsa, suspirei aliviada! Betinha não iria passar o finzinho do seu aniversário na emergência de um hospital.

Administrei as "santas" gotas debaixo da língua de minha amiga para que fizesse efeito o mais rápido possível e, após quinze minutos, Beta conseguiu falar de forma menos ofegante e trêmula: "Você viu aquele enorme gato malhado que passou pelo corredor do restaurante? Claro que você viu, parecia mais um leopardo!" Eu estava certa, a Beta tinha visto um gato.

A festa acabou ali e o *maître* não sabia mais o que dizer para justificar aquele fato: um gato no restaurante mais recomendado da cidade. Por fim, ele desabafou: "Nunca ocorreu isso neste estabelecimento, só pode ser um caso de 'atração magnética' de sua amiga!" Tive vontade de rir nessa hora, pois "atração magnética" é uma expressão de que jamais tinha ouvido falar para designar o fato curioso que as pessoas com fobias específicas relatam ao serem perseguidas" pelos animais, objetos ou situações que eles tanto temem e evitam. Parece uma sina, uma verdadeira maldição, uma praga, uma urucubaca!

Não é bem assim. Tentamos explicar esses acontecimentos pelo aspecto da atenção exacerbada que essas pessoas prestam em seus medos e, por isso, acabam "vendo" muito mais do que os outros aquilo que tanto temem. Mas, segundo o garçom, isso é um fenômeno inexplicável e está relacionado ao campo magnético da pessoa e do animal. Enfim, como diz o ditado: "Yo no creo en brujas, pero que las hay, las hay!"

Diante do trágico final de noite, refleti por algum tempo sobre tudo que ocorreu e até tentei levar para o lado tragicômico, como costumo fazer com as nossas inevitáveis gafes cotidianas. Mas, sinceramente, fiquei muito triste ao ver a Betinha naquela situação, apavorada, refém de seu próprio medo e descontrolada. Logo ela, que dentre nós todas sempre foi a mais independente, determinada e bem-sucedida em sua brilhante e admirável carreira de executiva. Aquela mulher tão poderosa e resoluta, que comanda, e muito bem, um batalhão de pessoas; que nunca teve medo de assumir riscos em suas empresas e sempre viu na ousadia a sua melhor virtude profissional.

A coisa era mais séria do que eu imaginava. Minha amiga realmente tinha um quadro de fobia por gatos, que a transformava numa garotinha amedrontada e indefesa. Um medo real, que limitava e transtornava muito a sua vida, e do qual era incapaz de se livrar sozinha. No dia seguinte, lá estava eu com Beta, explicando-lhe seu quadro e o quanto precisava de ajuda especializada.

Poderia contar uma centena de casos que atendi nos últimos anos, tal como o de um paciente que nunca saiu do país por ter fobia de avião. Ou, ainda, sobre aqueles que só freqüentam médicos, advogados, amigos ou outros serviços caso o local seja uma casa ou em andares baixos de edifícios, ou cujo acesso seja por meio de poucos lances de escada: são os fóbicos de elevadores. Sem citar aqueles que andam com inseticidas poderosos em suas bolsas ou mochilas para se defenderem de ataques de insetos diversos (baratas, borboletas, cigarras etc.).

Permito-me contar também a história de um homem que se atirou ao mar, sem saber nadar, ao perceber que no navio, no qual realizava um cruzeiro de quinze dias, havia uma aranha. Neste caso, o mais intrigante foi constatar que o pobre indivíduo, em braçadas desesperadas, e mesmo com ajuda de resgate, só se convenceu a retornar ao navio quando lhe mostraram a aranha morta e prometeram jogá-la ao mar assim que ele retornasse à embarcação. Para o desesperado homem, a proposta foi vista como justa e segura.

Todas essas histórias reais podem ser até engraçadas de se ouvir ou imaginar, no entanto, para os que sofrem do problema, além de não terem nada de engraçado, trazem sempre às suas vidas um tom trágico de muito sofrimento. É fundamental observarmos que, quanto mais inócuo for o objeto (borboleta, por exemplo) ou a situação fóbica (andar de elevador ou de escada rolante), mais sem sentido ou desproporcional parecerá aos demais o pavor apresentado pela pessoa com fobia específica. Uma manifestação aguda – como a que ocorreu com minha amiga Roberta

– é extremamente limitante e sempre deixa o indivíduo vulnerável a situações embaraçosas, agravando ainda mais o problema.

RECONHECENDO A FOBIA ESPECÍFICA

É importante ressaltar que existe uma grande diferença entre as pessoas que possuem um medo "normal" por um determinado objeto ou circunstância, daquelas que apresentam fobias ou medos patológicos. Como já dissemos, ao longo deste livro, o medo de forma equilibrada é uma condição natural e necessária para todos nós; porém, para os portadores de fobias específicas, ele é desproporcional, absurdo, inadequado e incompreensível. De mais a mais, o fóbico, diante da situação temida, apresenta sintomas físicos de extremo desconforto (transpiração excessiva, tremores, falta de ar, taquicardia, mãos frias, entre outros). Muitas vezes, só o fato de imaginar a situação indesejável já é suficiente para desencadear todo o quadro descrito. A fobia específica é capaz de modificar a rotina de uma vida; trazer prejuízos significativos; expor o indivíduo ao ridículo; destruir sua auto-estima, carreiras promissoras e sonhos de toda uma existência.

Em exemplo simples, mas corriqueiro, quem possui medo, ou asco, de algum tipo de inseto é capaz de enfrentá-lo ou até mesmo matá-lo, mesmo que para isso tenha de fazer um escarcéu e chamar a atenção de toda a vizinhança. Porém, os que de fato sofrem de fobia específica desse animal, apresentam mal-estares físicos e psicológicos tão intensos, a ponto de não sossegarem enquanto não tiverem a plena certeza de que o "monstrengo" está lá estirado, morto, esquartejado e esturricado!

O DSM-IV caracteriza a fobia simples como um medo exacerbado, ou mesmo irracional, e persistente de objetos ou situações nitidamente discerníveis e circunscritas. A exposição ao objeto ou situação fóbica (chamado também de estímulo fóbico) desencadeia uma resposta de ansiedade que pode chegar à intensidade de um ataque de pânico (ver capítulo sobre transtorno do pânico).

No caso dos adultos e, mesmo dos adolescentes, o medo é reconhecido como excessivo ou irracional e, apesar disso, na maioria absoluta dos casos, os objetos e situações são evitados com o maior empenho. O diagnóstico somente poderá ser considerado válido quando a esquiva, a fuga, o medo ou a antecipação ansiosa (ansiedade antecipatória) do encontro com esses objetos ou situações forem responsáveis por uma interferência significativa na vida cotidiana da pessoa, prejudicando seu desempenho social e/ou individual ou, ainda, causarem sofrimento em demasia.

O foco do medo, nas fobias específicas, costuma ser a previsão de um dano que seja conseqüência do objeto ou da situação temidos. Assim, no caso de fobia por avião, o foco do medo seria a sua possível queda; na fobia de dirigir automóveis, o medo seria o de colisões (batidas); na fobia de cães, cavalos ou gatos, o medo está focado nas mordidas e assim por diante.

As fobias específicas apresentam alguns subtipos:

1 POR ANIMAIS: o medo é causado por animais, incluindo os insetos.

2 POR AMBIENTES NATURAIS: o medo é causado por circunstâncias da natureza, como tempestades, altura, enchentes, quedas d'água etc.
3 POR SANGUE – INJEÇÃO – FERIMENTO: o medo é causado pela visão de sangue, ferimentos, receber injeções, submeter-se a cirurgias etc.
4 POR DETERMINADAS SITUAÇÕES (SITUACIONAIS): o medo é causado por túneis, pontes, aviões, elevadores, direção, lugares fechados, travessias de barco etc.
5 POR DIVERSOS FATOS: o medo é causado por medo de doenças, de espaços abertos, de engasgar, de vomitar ou, ainda, de situações que possam levar à asfixia (ou falta de respiração).

As fobias específicas são bastante comuns. O transtorno, como um todo, atinge cerca de 11% da população geral e, mais uma vez, percebemos que, em sua grande maioria, ele acomete as mulheres.

O subtipo mais freqüente é o situacional, até porque não podemos prever ou evitar determinados acontecimentos em nossas vidas. Como exemplo, citamos uma cirurgia inesperada de apêndice (pequena região do intestino). Como não existe tratamento clínico para essa inflamação aguda, sempre será necessária uma ocorrência médica cirúrgica.

Nos demais subtipos, o paciente fóbico sempre terá, de uma forma ou de outra, chance de evitar os objetos ou as circunstâncias. Se um indivíduo apresenta fobia por tempestades, por exemplo, poderá se informar, previamente, sobre a possibilidade de elas ocorrerem, não saindo de casa nos dias ou horários em que as mesmas ocorrerão. No caso da fobia de altura, a pessoa pode evitar os lugares nos quais ela tenha de subir além de um determinado patamar e se sentir mais segura com isso.

Na prática clínica, observamos que um indivíduo costuma apresentar fobias de um mesmo subtipo (baratas, aranhas, cigarras, pombos etc.). Apesar de menos comum, vemos que fobias de diferentes subtipos podem estar igualmente presentes em uma mesma pessoa. Também são freqüentes outras associações: fobia específica com agorafobia (medo de permanecer em locais de difícil acesso ao socorro) e fobia específica com depressão. Em geral, as pessoas só procuram tratamento quando os sintomas depressivos (tristeza, desânimo, autodepreciação, etc.) complicam seu quadro fóbico. Até que isso ocorra, os fóbicos específicos lutam o tempo todo para se manterem afastados dos objetos e situações que lhes desencadeiem a crise paralisante de medo e ansiedade.

Durante muitos anos, e até recentemente, as fobias específicas eram associadas à existência de um trauma na vida da pessoa, e a partir da sua ocorrência, passava a explicar todo o problema. Mas hoje sabemos, e podemos observar no atendimento desses pacientes, que, na verdade, a maioria dos fóbicos não apresenta nenhuma história de trauma que justifique seus sintomas. O trauma tem um papel central no transtorno do estresse pós-traumático (TEPT), tanto no desencadeamento quanto na manutenção do quadro clínico. Em alguns poucos casos de fobia específica, nos quais detectamos um evento traumático, notamos que sua ocorrência pareceu muito mais uma primeira manifestação do quadro fóbico do que de um trauma propriamente dito. Uma avaliação mais detalhada evidenciará que o medo e a ansiedade antecipatória já existiam nessas pessoas em relação à própria situação, possibilitando que o quadro de fobia específica ocorresse.

Sem qualquer sombra de dúvida, o tratamento mais eficaz para as fobias específicas é a psicoterapia cognitivo-comportamental. As medicações mostram efeitos pouco satisfatórios, principalmente se utilizadas como terapia única (sem a psicoterapia) ou se forem utilizadas substâncias inadequadas ou em doses inapropriadas e elevadas, que podem até agravar os quadros de fobias específicas.

ALGUMAS PARTICULARIDADES DAS FOBIAS ESPECÍFICAS: AS DIVERSAS FACES DO MEDO CIRCUNSCRITO

ANIMAIS

Como vimos anteriormente, as fobias de animais podem ir desde os insetos até os animais de grande porte. A título de curiosidade, a fobia de cavalos foi descrita por Freud, no início do século passado, quando foi observado um caso típico desta fobia em um menino de apenas cinco anos. Curiosidades à parte, nas fobias de animais, as mais comuns no cotidiano são: as de insetos (baratas, borboletas, abelhas, mariposas, vespas, traças, cigarras etc.), aranhas, cobras, pássaros, cães, gatos, sapos, ratos, lagartixas, lacraias, entre outros. A abordagem terapêutica mais eficaz, em termos de tratamento para fobias desse tipo, é a técnica da exposição, ou seja, o paciente entra em contato com o objeto temido. Quando a exposição é impossível, de início, a dessensibilização sistemática pode preparar a pessoa para a exposição ao vivo, em um futuro próximo.

A dessensibilização sistemática consiste, via de regra, em técnicas de relaxamento profundo, nas quais o paciente se imagina estar diante do objeto temido, por indução do terapeuta ou por meio de simulações (desenhos, fotos, imagens, filmes etc.). O objetivo é "treinar" e habituar o paciente a reduzir a ansiedade, no início do tratamento, fornecendo-lhe subsídios para o enfrentamento gradual, repetido e freqüente das situações geradoras do medo, capacitando-o, em médio prazo, para a exposição na vida real.

ALTURA

As pessoas com fobia de altura, ou acrofobia, apresentam medo desproporcional quando realizam uma simples aproximação da janela de um prédio ou em locais altos, mesmo que estes sejam protegidos por grades ou vidros espessos, como os edifícios com vista panorâmica. Nessas situações, essas pessoas não conseguem olhar para baixo, pois sentem vertigem. As alturas geradoras de medos podem ser bastante diversas, que vão desde escadas rolantes, ladeiras, passarelas, pontes, mezaninos de lojas e teatros até o topo de arranha-céus, que costumam ter uma área para pouso e decolagem de helicópteros.

O portador de acrofobia costuma apresentar uma sensação muito desconfortável de perda do controle (e se jogar do local em que se encontra), ou ainda de estar sendo "puxado" para baixo.

LOCAIS FECHADOS

A fobia de locais fechados costuma estar sobreposta à agorafobia. É bem comum encontrarmos pessoas agorafóbicas que têm medo de locais fechados. Neste caso, devemos fazer uma observação mais acurada. Quando a esquiva, o desconforto e/ou a ansiedade antecipatória se restringem somente a lugares fechados, diagnosticamos a claustrofobia, ou fobia específica de locais fechados.

O grande temor do paciente que sofre de claustrofobia é o de ficar aprisionado e, conseqüentemente, não conseguir sair do local onde ele se encontra. Por isso, os objetos mais comuns desse tipo de fobia são os elevadores. A pessoa teme que ocorra uma falha mecânica na engrenagem do elevador e que isso a deixe presa por horas dentro daquele espaço restrito que, na maioria das vezes, é compartilhado com outras pessoas estranhas. Isso acarreta um verdadeiro desespero. Um dos pensamentos mais comuns nesses casos é o de ocorrer esgotamento do ar dentro do elevador, enquanto este se encontre parado.

Podemos citar outros exemplos que caracterizam o quadro de claustrofobia:

- cabines telefônicas fechadas, mais comuns no exterior;
- escadarias de prédios comerciais; o medo é de ficar preso entre as portas corta-fogo, presentes entre os andares;
- banheiros;
- bancos com portas que travam;
- ônibus, metrô e outros transportes coletivos.

Na claustrofobia a pessoa se sente muito mal em espaços fechados e é tomada por um medo intenso de não ter como fugir. Dessa forma, o claustrofóbico, ao viajar de avião, não tem medo que ele possa cair e sim de não ter como sair daquela aeronave. De forma diversa, um indivíduo que não sofra de claustrofobia, mas, sim, de fobia específica de avião, teria seu foco de medo centrado na possibilidade de o avião sofrer uma pane e cair.

SANGUE E FERIMENTOS

A pessoa com fobia de sangue, agulhas ou ferimentos, ao entrar em contato com esses objetos ou situações, apresenta uma intensa sensação de náusea, seguida de desmaio (síncope). O medo e a ansiedade são sensações muito menos importantes que o forte enjôo e o desmaio subseqüente. Esses dois fatores são os mais temidos por pacientes que sofrem desse tipo de fobia.

Para esses pacientes, evitar situações desencadeadoras de náuseas e desmaios é quase impossível. Afinal, pelo menos uma vez na vida, a maioria de nós já fez um exame de sangue ou uma pequena cirurgia dentária; precisou levar alguns pontos; assistiu a um acidente durante o trajeto para o trabalho; ouviu relatos sobre tais situações; assistiu a filmes ou novelas com cenas de violência ou viu fotos com presença de sangue, ferimentos, agulhas etc.

Para se ter uma idéia do tamanho da encrenca pessoal que esse tipo de fobia pode gerar, deve-se ressaltar que o simples fato de uma pessoa com tal transtorno assistir, por alguns minutos, ao seriado *E. R.* (*Emergency Room* ou Plantão Médico, no Brasil) pode levá-la a desmaiar de forma incontrolável diante da TV. Falo desse seriado, pois o utilizo, muitas vezes, quando preciso dessensibilizar pacientes que sofrem desse tipo de fobia, antes de expô-los às situações reais que envolvam sangue, agulhas e ferimentos.

Esse tipo de fobia apresenta ainda um padrão fisiológico de resposta ao conteúdo fóbico muito diferente do padrão habitual das demais fobias. Nas fobias, em geral, o coração acelera, aumentando rapidamente seus batimentos e, com eles, eleva-se também a pressão arterial. No entanto, o que vemos na fobia de sangue e afins é justamente o oposto: o coração desacelera, passa a bater cada vez mais lento, chegando ao ponto de fazer uma breve parada. Esta, por sua vez, provoca o desmaio que observamos nessas pessoas. É fácil entender por que a síncope ocorre: ao parar de bater, mesmo que por poucos segundos, o coração deixa de "bombear" sangue para o cérebro e este, numa reação reflexa, que visa poupar energia, faz uma redução drástica em suas atividades gerais, "desligando" seus circuitos elétricos.

Sem sangue, o cérebro fica sem condições energéticas de funcionar, pois deixa de receber alimento (glicose) e oxigênio (hipóxia), duas substâncias essenciais para o funcionamento de todos os neurônios. Outro aspecto curioso da fobia de sangue e afins é o fato de ela apresentar um componente genético bem mais expressivo que o observado nas outras fobias. Estudos diversos apontam percentagens que variam de 60 a 70% de compatibilidade genética entre parentes próximos para esse tipo de fobia.

É importante ressaltar que o início do processo de dessensibilização do paciente com fobia de sangue deve ser feito com ele deitado, para evitar que apresente "quedas" em função da sua alteração cardiológica, provocada pela redução dos batimentos cardíacos e da pressão arterial, diante das cenas de sangue e ferimentos sugeridas durante a exposição virtual (processo de dessensibilização).

TEMPESTADES (CHUVA, RAIOS E TROVÕES)

Definitivamente, as pessoas que sofrem de fobia de tempestades tremem só em ouvir falar do verão! Essa época do ano costuma trazer as famosas tempestades ou chuvas próprias da estação, com muitos raios, trovões, enchentes, engarrafamentos, o que representa grandes transtornos para a maioria da população do país. Mas, para as pessoas que, além de receios, possuem verdadeiro pavor de tempestades, a estação das águas pode criar uma série de limitações profissionais e pessoais.

Para início de conversa, essas pessoas, em sua maioria, não saem de casa antes de consultar algumas previsões do tempo. Se já estiver chovendo, dificilmente se aventuram a botar o pé na rua. Outras, escondem-se em lugares fechados, como armários, para não ver os clarões dos raios e tentar reduzir o som dos trovões. São as ações extremadas com que tentam aliviar o desespero que as tempestades lhes despertam.

Como as tempestades são fenômenos naturais, sobre os quais não temos controle, não podemos esperar que elas ocorram para realizar o tratamento de dessensibilização e exposição com o paciente. Por isso, utilizamos CDs com sons de chuva e trovões ou, ainda, fotos e filmes que mostrem, da forma mais fidedigna possível, as situações temidas. Um fator importante no tratamento desses pacientes, após as primeiras sessões (seis a dez), é repetir todas as simulações, alternando luminosidade ampla e escuridão, por alguns segundos. Isto porque é preciso acostumar os pacientes a enfrentar as habituais faltas de energia elétrica que ocorrem durante as tempestades. A utilização de pequenas lanternas, no início do tratamento, também é fundamental para lhes dar segurança.

DENTISTA

Quem não se lembra da primeira vez que foi ao dentista e, na sala de espera, ouviu aquele "sonzinho" aterrorizador da aparelhagem que esses profissionais utilizam para remover as cáries? E lá dentro, então? A visão ameaçadora da anestesia vindo em nossa direção, boca adentro, para atingir, de forma implacável, nossa gengiva tão frágil? Não é uma situação de total impotência? Nós, ali deitados, luz na cara, barulhos diversos e irritantes, guardanapos no peito, um rosto logo acima do nosso, "mascarado" no nariz, na boca e com touca nos cabelos. Para completar, nossa boca escancarada em ângulos desagradáveis e, por vezes, dolorosos, sem poder falar absolutamente nada além do "hã, hã", concordante, ou do "hum, hum", sinalizador de dor.

Convenhamos, ir ao dentista, seja pela primeira ou pela milionésima vez, não é o que poderíamos chamar de programa legal! No entanto, temos de admitir que isso é absolutamente necessário, pois cuidar dos dentes é cuidar de nossa saúde. Muitas doenças graves podem utilizar a cavidade bucal como porta de entrada, tal como a endocardite bacteriana (infecção das válvulas cardíacas, provocada por bactérias), que pode levar à insuficiência cardíaca e trazer problemas significativos.

As pessoas, em sua grande maioria, apresentam ao menos um leve receio de ir ao dentista. Porém, uma pequena percentagem da população tem verdadeiro pavor disso. Dentre esse pequeno contingente, muitas pessoas chegam a apresentar ataques de pânico ao se sentarem na cadeira de um dentista. Assim, elas acabam adiando os tratamentos dentários, o que resulta em dentes e gengivas deterioradas e, às vezes, com sérias complicações para a saúde de todo o organismo.

O grande foco do medo, nos pacientes que sofrem desse tipo de fobia, está relacionado à anestesia e à ação da broca ("motorzinho"). Além disso, a fobia de dentista, freqüentemente, encontra-se associada à fobia de sangue. Nesses casos de associação, os pacientes, geralmente, chegam a desmaiar na cadeira do dentista.

É fundamental que os pacientes que sofrem desse tipo de fobia tenham uma boa comunicação e empatia com seu dentista. Além do mais, o profissional, ao ser consultado, deve ter em mente que lidar com o medo dos seus pacientes faz parte da sua profissão. Por isso, ele deve explicar, de forma clara e detalhada, todos os procedimentos que serão realizados no paciente, sem se esquecer de mencionar o grau de dor e desconforto que este poderá sentir.

Com relação à psicoterapia, um programa de dessensibilização deve ser feito, inclusive com a utilização de técnicas de relaxamento, até que o paciente esteja pronto para uma exposição real.

DIRIGIR

A fobia de dirigir pode se apresentar sozinha ou fazer parte de um quadro mais amplo de agorafobia (medo de estar distante de sua "área" de segurança). Muitos autores consideram a fobia de dirigir como sendo uma forma leve da agorafobia, inclusive os sintomas de pânico são freqüentes, o que leva a pessoa a se esquivar do ato de dirigir.

Por guardar semelhanças com os sintomas de pânico, o tratamento psicoterápico da fobia de dirigir deve seguir a mesma programação utilizada para os pacientes que apresentam o transtorno do pânico com agorafobia.

ALIMENTOS

Existem dois tipos de fobia alimentar. No primeiro tipo, a pessoa apresenta seu foco de medo no ato de engasgar com a ingestão do alimento. Em função disso, ela se alimenta somente de líquidos ou "papas" batidas no liquidificador. Nesses casos, a perda de peso torna-se um sintoma importante do quadro clínico. O medo de engasgar é tão intenso que tais pessoas temem morrer asfixiadas pelo próprio alimento. Os pacientes com esse tipo de fobia alimentar também costumam relatar que sentem a boca e a garganta excessivamente ressecadas.

O segundo tipo de fobia alimentar é caracterizado pela aversão que os pacientes têm por determinado tipo de alimento. Essa aversão desencadeia náuseas e, não raro, vômitos. Um detalhe importante, que pode ser útil na diferenciação entre esse tipo de fobia alimentar e os quadros de bulimia nervosa – transtorno alimentar que alterna compulsão por comida e expurgação –, é o fato de que as náuseas e os vômitos são desencadeados por alimentos específicos. Já na bulimia nervosa, os vômitos são provocados após a ingestão de qualquer tipo de alimento, principalmente os carboidratos (açúcares).

AVIÃO

Existem pessoas que recusam grandes oportunidades de trabalho por não conseguirem viajar de avião. Há ainda aqueles que só conseguem fazê-lo se estiverem sob o efeito de álcool e/ou calmantes. Na fobia de avião, o foco do medo é a possibilidade de um acidente mecânico com a aeronave, como já foi dito no decorrer deste capítulo. No entanto, essa fobia específica pode estar associada à fobia de altura, à fobia de locais fechados ou mesmo à agorafobia.

O relato de Cláudia, 35 anos, retrata bem os prejuízos profissionais por não conseguir superar o medo de voar:

> Aos 26 anos comecei a trabalhar numa empresa multinacional. Sempre fui esforçada, dedicada e minha ascensão foi muito rápida. Em pouco tempo já era uma executiva com um ótimo salário. Mas o meu medo de voar acabou com todos os meus sonhos. O trabalho exigia que eu viajasse de um lado para o outro, tanto no Brasil quanto no exterior, e sempre fiz isso com muita dificuldade. Invariavelmente, a cada viagem eu usava calmantes ou bebia no avião para me sentir mais segura. Chegou um ponto em que a situação ficou insuportável e pedi para mudar de setor. Minhas chances de crescimento na empresa praticamente estagnaram, entrei em depressão e hoje preciso de mais ajuda do que antes.

O tratamento psicoterápico de exposição gradual torna-se pouco prático e é bastante oneroso, uma vez que viajar várias vezes de avião, como forma de enfrentar o medo, pode levar o paciente a realizar, acompanhado de seu terapeuta, cerca de vinte viagens em um curto período de tempo.

Convenhamos que o custo de quarenta passagens aéreas, incluindo o paciente e o terapeuta, é muito alto, até mesmo para quem possui um ótimo padrão financeiro. Dessa forma, costumamos fazer a dessensibilização sistemática utilizando relaxamento e a construção imaginativa de várias cenas ligadas ao ato de realizar uma viagem aérea: chegada ao aeroporto, *check-in*, embarque, decolagem, possíveis turbulências, alimentação durante o vôo e aterrissagem. Após bastante familiaridade com essa primeira etapa, deve-se tentar um vôo de verdade.

Uma outra possibilidade de tratamento, ainda pouco acessível para o grande público, é a utilização de simuladores de vôo. Até pouco tempo, no Brasil, somente a Varig possuía esse tipo de recurso. Nesses equipamentos, até três pessoas, acompanhadas de um instrutor, participam de vôos simulados com todas as sensações de um vôo real, inclusive aceleração, turbulência, pouso e decolagem. As empresas que oferecem esse tipo de serviço costumam agendar os "vôos" com antecedência e, com certeza, a eficácia do tratamento com a utilização dos simuladores é bastante alta.

A utilização da "realidade virtual" também pode ser um recurso terapêutico importante para o tratamento da fobia de aviões. Já existem programas de computador específicos, que reproduzem um ambiente bastante similar ao de um avião. Conheço pessoas que se submeteram a dez sessões (em média) em avião virtual e, após isso, foram capazes de viajar de forma serena e confortável.

DOENÇAS

O foco do medo nas pessoas que apresentam fobia de doenças é de sofrerem alguma enfermidade que as leve à morte prematura. As doenças mais temidas são câncer, AIDS e doenças cardíacas. Tais pessoas evitam assistir a programas que tratem do assunto, bem como entrar em hospitais ou participar de conversas sobre doenças ou pessoas que estejam enfermas. A fobia de doença pode estar associada a outros transtornos, como a depressão e o transtorno obsessivo-compulsivo. Para ser considerado um quadro único, o medo deve estar relacionado a um tipo específico de doença, diferentemente da hipocondria, na qual o medo envolve diversas doenças.

"O NOME DOS BOIS"

Cada tipo de fobia específica costuma ter um nome em particular, geralmente pomposo e de pronúncia complicada, que vai de A a Z, sem exceção. Abaixo relacionamos os nomes das fobias mais comuns, classificadas por tipo:

Fobia	Foco do medo
Animais	
Ailurofobia	Gatos
Aracnofobia	Aranhas
Cinofobia	Cães
Entomofobia	Insetos
Ofidiofobia	Cobras
Ambiente natural	
Acrofobia	Altura
Amatofobia	Poeira
Frigofobia	Clima frio
Ceraunifobia	Trovão
Nictofobia	Noite
Fonofobia	Ruídos altos
Fotofobia	Luz
Pirofobia	Fogo
Sangue, injeção, ferimento	
Hemofobia	Sangue
Odinefobia	Dor
Poinefobia	Punição
Situação	
Apeirofobia	Infinidade
Claustrofobia	Lugares fechados
Topofobia	Medo do palco
Outros	
Ginofobia	Mulheres
Homofobia	Homossexuais
Cacorrafiofobia	Fracasso
Logofobia	Palavras
Teofobia	Deus
Triscaidecafobia	Número 13

É fundamental que os portadores de qualquer tipo de fobia entendam que se esquivar de situações que lhes causem ansiedade é um tremendo equívoco, talvez o maior de todos os enganos que os fóbicos possam cometer contra si mesmos: o famoso "tiro no pé".

Se você quer realmente superar sua fobia, reavalie suas crenças, ou seja, a maneira como você vê, pensa e experimenta o mundo. A única regra a ser seguida para a superação das fobias é o enfrentamento. Enfrentar o medo é ter a certeza que ele jamais se tornará algo maior do que você. Medos patológicos são como lendas; quando não se acredita nelas, deixam de existir. Você se lembra aonde foi parar a bruxa malvada em que, na sua infância, você tanto acreditava? Pois é, um dia o mesmo poderá acontecer com seus medos!

• • •

CAPÍTULO • 5

TRANSTORNO DE ESTRESSE PÓS-TRAUMÁTICO (TEPT)

MEDO

Na parede da memória
essa lembrança é o quadro
que dói mais

Como nossos pais, BELCHIOR

UM "CALO" EM NOSSA MEMÓRIA

No trajeto de nossa jornada, todos nós vivenciamos, de uma forma ou de outra, experiências difíceis ou traumáticas. No entanto, por mais doloroso que tenha sido o momento vivenciado, nem sempre esse trauma é capaz de desencadear uma doença, mesmo que a sua recordação seja inevitável. De forma diversa, os pacientes que sofrem de transtorno de estresse pós-traumático (TEPT) são capazes de recordar não somente as imagens do ocorrido como também reviver e remoer, de forma intensa, persistente e sofrível, toda a dor que lhes abateu. É o *flashback* do tormento!

Os portadores do TEPT são pessoas que passaram por eventos de natureza excepcionalmente ameaçadora ou catastrófica; testemunharam a morte de perto; correram risco de vida; vivenciaram momentos de violência ou fatos violentos como assaltos, seqüestros, acidentes de carro, desastres naturais, guerras, torturas psicológicas e/ou físicas, abusos sexuais etc., corroborados por sentimentos de impotência, medo e horror. São fatos que os marcaram profundamente e que desencadearam uma série de sintomas físicos e psíquicos, sinalizando que o trauma não foi superado. A ferida ainda está aberta e sangrando!

Para melhor entender como isso ocorre, imagine a nossa memória como se fosse uma estrutura lisa e plana. Em suas camadas mais profundas estão armazenados todos os fatos que aprendemos, vivenciamos, vimos, ouvimos e sentimos. Enfim, acontecimentos e sensações que estão ali registrados e que podemos "buscar", quando necessitamos ou somos induzidos a encontrá-los. Já na superfície dessa estrutura lisa e plana, encontra-se tudo aquilo que usamos no dia-a-dia e que se processa de maneira automática e espontânea.

Quando dirigimos um carro, por exemplo, não precisamos lembrar como se passa a marcha, como se pisa no freio ou no acelerador. Quem já está acostumado com o ato de dirigir, sabe que tudo se processa automaticamente. Andamos, comemos, bebemos, lidamos com os utensílios domésticos e tantas outras coisas cotidianas através do mesmo processo: de forma automática.

Com esse mesmo mecanismo, associamos nossos sentidos (paladar, olfato, tato, audição e visão) às diversas possibilidades de reação que podemos ter em nossas vidas, de acordo com a ocasião. Ninguém precisa sair "catando" lembranças na memória, feito um louco e desvairado, para entender que o jantar está pronto, quando sente o cheiro gostoso da comidinha no fogão. Tampouco é necessário algum tipo de raciocínio consciente para retirarmos rapidamente a mão quando, sem querer, a encostamos em uma panela quente.

Contudo, quando somos vítimas de um trauma severo, forma-se uma espécie de "calo" naquela superfície lisa, que incomoda e nos faz lembrar o tempo todo que ele existe. Quem consegue esquecer de um calo no dedão do pé, que dói a todo instante, ainda com sapato apertado? É praticamente impossível não se lembrar do calo, como também do próprio pé.

Essa analogia serve para compreendermos o que acontece no transtorno de estresse pós-traumático (TEPT).

É natural que as pessoas que vivenciaram situações traumáticas necessitem de um tempo de adaptação para que as experiências "paralisantes" e dolorosas possam ser processadas, diluídas e cicatrizadas, o que, em média, dura menos de um mês. Mas, para quem sofre do transtorno em si, aquela saliência na superfície da memória plana (que usamos de forma automática), freqüentemente traz à tona todas as lembranças do ocorrido. O agente estressor (evento traumático) perpetua-se de forma intensa, provocando seqüelas psíquicas em suas vítimas, mostrando sinais evidentes de que ele continua vivo na memória e com o dedo no gatilho.

Estar cara a cara com o perigo e sob o risco de exposição a eventos traumáticos faz parte da nossa condição humana desde o início da evolução da nossa espécie. Quem poderá afirmar que os nossos parentes mais longínquos (homens pré-históricos) também não foram vítimas do TEPT? Afinal, eles necessitavam da caça para a sobrevivência e deparavam com os mais terríveis predadores e seus inesperados ataques. Porém, não é preciso ir muito longe para entender o que o trauma pode representar na vida de alguém, uma vez que nas últimas décadas tivemos um aumento considerável na prevalência do transtorno de estresse pós-traumático na população como um todo.

A mídia está aí o tempo todo anunciando as guerras, os conflitos, os massacres, os seqüestros, os franco-atiradores – quase de forma trivial e corriqueira. No entanto, a banalização da violência não impede que muitos de nós reflitamos sobre o real sofrimento de cada sobrevivente ou parente e sobre os prejuízos morais que dizem respeito à existência humana. Como será que esses trágicos destinos marcarão e conduzirão a vida de cada um deles dali para frente? Sonhos que escorrem pelas mãos, adaptação às mudanças que virão. São os perversos reflexos da "força bruta" dos tempos modernos, que não distinguem credo, raça, sexo e idade, mas que infelizmente estão cada vez mais em alta. Como nos disse muito bem Vinicius de Moraes, ao se referir às conseqüências da bomba atômica sobre o Japão: "Pensem nas crianças, mudas telepáticas. Pensem nas meninas, cegas inexatas. Pensem nas mulheres, rotas alteradas".

É de se esperar que, quanto maior a gravidade do evento, maior a chance da vítima desenvolver o TEPT. Felizmente, a maior parte das vítimas de uma experiência traumática não desenvolve o transtorno. A predisposição para que o transtorno se instale varia de indivíduo para indivíduo e está muito relacionada à sensibilidade emocional de cada um, bem como ao tipo de atividade que exerce ou aos grupos de risco em que esteja inserido (determinadas profissões, militares, policiais etc.).

Uma pessoa emocionalmente mais sensível, depressiva ou com problemas de ansiedade prévios, por exemplo, pode desenvolver o TEPT, mesmo que o estímulo traumático tenha sido pouco severo. Em contrapartida, verificamos que determinadas pessoas, que vivenciam experiências traumáticas de grande monta, superam-nas de forma relativamente rápida e seguem o curso normal de suas vidas, sem prejuízos significativos. São as predisposições pessoais e a capacidade individual de lidar com situações adversas que determinam quem cairá ou não nas "redes" implacáveis do transtorno.

Embora o TEPT só tenha sido reconhecido oficialmente como doença pela Associação de Psiquiatria Americana em 1980, diversos cientistas já percebiam seus sintomas ainda no século XIX, tanto que, desde então, recebeu diversas denominações. Os sintomas característicos do TEPT foram exaustivamente estudados em ex-combatentes das grandes guerras, sobreviventes dos campos de concentração nazistas, Guerra do Vietnã, entre tantos outros conflitos. Em função disso, por muito tempo foi batizado de "neurose traumática ou de guerra".

O reconhecimento como enfermidade distinta, pelas entidades internacionais, foi determinante para compreendermos que a perturbação psíquica decorrente de uma experiência difícil não é, em absoluto, uma simples fraqueza do indivíduo. Existe, verdadeiramente, um agente externo, que é deflagrador do TEPT; e, portanto, a ajuda especializada, que envolva medicações, psicoterapia e intervenções sociais, é fundamental.

O depoimento de Cristina, 35 anos, executiva, vítima de um seqüestro relâmpago há alguns anos, retrata bem as conseqüências de um trauma na vida de uma pessoa:

O que deveria levar somente alguns minutos demorou aproximadamente 16 horas de extremo sofrimento. Voltando de uma reunião de negócios, por volta das 19 horas, fui abordada em uma auto-estrada por um carro com três homens armados até os dentes, obrigando-me a parar no acostamento. Quanta ousadia! No meio de uma estrada movimentada, é simplesmente inacreditável! É pura ficção de cinema!

Rapidamente dois deles invadiram meu carro e eu já estava no banco de trás, abaixada e com uma arma na cabeça. Saíram em alta velocidade e senti que estávamos fora da estrada. Era o mato, o breu, e meu carro era o próprio cativeiro. Levaram minha bolsa, todos os meus pertences e limparam minha conta bancária. Foi a noite mais longa da minha vida. Falavam alto, ameaçavam me matar, discutiam sobre o que fazer com o dinheiro, esperavam os "chefões" chegarem, ouviam músicas altas e repetidas, incendiaram meu carro. Por volta da 11 horas fui libertada, e não sei como tive essa sorte. Corri o mais que pude e, sem nada no bolso ou nas mãos, estava indo sem destino. Recebi, no caminho, ajuda de um senhor que percebeu meu sofrimento.

No dia seguinte, estava estampado nos jornais o ocorrido. Enquanto eu era refém, minha família, amigos e colegas de trabalho se movimentaram o tempo todo. Sabiam que algo estranho havia acontecido.

Minha vida de lá pra cá virou um inferno! Felizmente meu desempenho profissional não caiu. Mas as cenas não me saem da cabeça, tenho pesadelos constantes, vivo sobressaltada, parei de dirigir, não consigo mais ouvir músicas e nunca mais voltei àquela estrada. Meus prazeres sumiram e não me divirto mais, não sorrio mais. Tudo perdeu a graça e afastei-me dos meus amigos. Só procurei ajuda depois de muita insistência do meu marido. Meu casamento está falindo.

Histórias parecidas com o relato acima, em maior ou menor grau, infelizmente, são cada vez mais comuns. Podemos dizer que o TEPT é diagnosticado com relativa freqüência, atualmente, nos consultórios de psiquiatria do mundo todo e está tomando força expressiva, a exemplo do que ocorreu com a depressão e o pânico.

O RECONHECIMENTO DO PROBLEMA

De acordo com o DSM-IV (manual que classifica as doenças mentais), o primeiro aspecto a ser definido é se de fato existe um agente causal de natureza traumatizante. Como vimos anteriormente, este agente estressor deve ser suficientemente forte na vida da pessoa, assim como ameaçador à sua vida e à sua integridade ou à vida de outros. Enfim, para se diagnosticar o TEPT, primeiramente, deve-se ter a certeza de que algum fato ou evento significativo tenha ocorrido e que esteja fora dos padrões rotineiros da vida dessas pessoas. A resposta ao evento traumático deve envolver intenso medo, impotência ou horror, e a perturbação deve causar sofrimento clinicamente significativo, afetando o funcionamento social, ocupacional, acadêmico ou de outras áreas importantes da vida do indivíduo.

É importante esclarecer que nem sempre os sintomas aparecem imediatamente após o evento traumático, podendo levar meses até o seu surgimento. Também é sempre bom termos em mente que ocasiões de extrema relevância para alguns podem não afetar a outros da mesma maneira e intensidade. Portanto, um dos fatores que caracteriza o TEPT é o fato de os indivíduos permanecerem com o trauma após o "tempo normal" que a maioria de nós necessita para retornar ao curso natural de nossas vidas. Por isso, é fundamental ressaltarmos que os sintomas característicos do TEPT devem permanecer por um período superior a um mês. Um período inferior a esse é denominado transtorno de estresse agudo.

Outro fator importante para se fechar o diagnóstico de TEPT é o fato de a pessoa apresentar recordações vivas, intrusivas (involuntárias e abruptas) do acontecimento traumático. O indivíduo revive persistentemente a situação, na forma de recordações aflitivas e repetitivas. Nesses casos, incluem-se as imagens, pensamentos, percepções, pesadelos ou *flashbacks* (como cenas de um filme) inerentes ao evento.

A pessoa também pode sentir um sofrimento psicológico intenso quando exposta aos fatos que lembram o trauma original, com fortes respostas fisiológicas que se assemelham ao ataque de pânico: taquicardia, sudorese intensa, ondas de frio ou de calor, sensação de desmaio, falta de ar etc. A revivescência das suas dolorosas recordações, com extrema realidade, pode estar "à espreita" nos pequenos detalhes. Certa vez ouvi de um paciente, vítima de um assalto, que todas as vezes que passava perto de uma oficina mecânica ou sentia o cheiro de graxa, retomava todas as lembranças do assalto, revivendo com riqueza tudo o que lhe acontecera naquele dia. Durante a investigação encontramos uma explicação, uma vez que um dos assaltantes usava um macacão sujo de graxa. A partir desse estímulo inicial, todas as lembranças vinham à tona, atormentando sua vida: o cano frio da arma, encostado em seu rosto, e o renascimento de sua triste experiência.

Desta forma, muitos evitam repetidamente tudo o que lhes lembra ou está relacionado ao evento traumático (pessoas, assuntos, lugares e atividades), pois pensar sobre o evento pode ser uma verdadeira tortura ou algo intolerável. Essa esquiva em não se lembrar dos acontecimentos pode deixar alguns portadores de TEPT incapacitados de recordar determinados aspectos importantes do evento traumático, como se tivessem simplesmente apagado de suas memórias (amnésia).

Em muitos pacientes, também observamos o aparecimento de sentimentos de "anestesia" em relação às emoções (afetos), como se fosse um embotamento emocional, o que não apresentavam antes do ocorrido. São os sentimentos de "anulação" de seus prazeres, que se encontram sufocados pelas lembranças mais fortes e mais marcantes. Esses sintomas são conhecidos como "anestesia emocional" ou "torpor psíquico" e, freqüentemente, determinam o afastamento de pessoas importantes de seu convívio. Alguns pacientes apresentam sensações de futuro abreviado, como se fossem morrer dentro de pouco tempo, no qual as perspectivas de tempos melhores e de planos prazerosos se encontram extremamente comprometidas e deturpadas pelo trauma.

Outros sintomas muito freqüentes estão relacionados à irritabilidade, explosão de raiva, insônia, dificuldade de concentração, hipervigilância (estado de alerta permanente) e/ou respostas exageradas a estímulos normais e corriqueiros (sobressaltos, sustos).

Muitos podem, até mesmo, desenvolver fortes sentimentos de culpa por terem sobrevivido ao evento traumático, autodepreciação e depressão, fato que não deixa de ser complicador do problema. Em casos raros, a pessoa experimenta quadros dissociativos (perda da realidade), de tempo variável, que podem ser confundidos com alucinações, freqüentemente encontradas em esquizofrenias e psicoses.

Além da depressão, outros transtornos psiquiátricos podem se associar ao TEPT (denominados comorbidades), dentre os quais destacamos: transtorno de pânico, agorafobia, transtorno obsessivo-compulsivo, fobia social, fobia específica, abuso de substância (dependência química), entre outros.

Outro exemplo de seqüelas psicológicas, envolvendo uma situação traumática, é possível ser verificado no relato de Marina, 21 anos, universitária, que nos foi encaminhada por seus pais, por não entenderem o comportamento da filha:

> No final do ano passado, fui estuprada à noite, numa rua quase deserta. De lá para cá as coisas nunca mais foram as mesmas. Ando triste, choro à toa, irrito-me com facilidade e não tenho a menor paciência com os homens. Tenho a impressão de que vão me atacar a qualquer momento. Nunca contei nada pra ninguém, pois morro de vergonha de tudo e não quero magoar meus pais. Lembro-me perfeitamente bem da cor do carro, do cheiro e de seu estofamento estampado. As cenas não saem da minha cabeça, não consigo entrar mais num carro parecido com aquele, nem passar perto daquela rua. Tenho pesadelos com cenas de violência e estupro, às vezes envolvendo muitas pessoas ao mesmo tempo. Acordo quase todas as noites e por isso tenho faltado às aulas. Passei a beber, coisa que achei que nunca iria fazer, pois me alivia um pouco a dor das cenas de horror que passei. Preciso esquecer, mas não consigo!

Depois do primeiro mês, o transtorno de estresse pós-traumático (TEPT) é considerado *agudo* se a duração dos sintomas for inferior a três meses, e *crônico*, se for superior a esse período. Quanto às manifestações dos sintomas, o DSM-IV especifica *com início tardio*, se pelo menos seis meses decorreram entre o evento traumático e o início dos sintomas.

Quanto às crianças, deve-se ter uma atenção especial. Devemos estar de olhos bem abertos quanto a seu comportamento diante das situações traumáticas e suas reações subseqüentes, pois, muitas vezes, são demonstradas de maneira diferente dos adultos. Além do mais, nem sempre os pais e/ou os cuidadores têm consciência de que elas foram vítimas de situações dolorosas ou que conseguiram superar o momento difícil. As respostas poderão vir "camufladas" nas mais diversas formas possíveis, sinalizando que estão sofrendo e necessitam de ajuda especializada. Dentre elas, destacamos:

- comportamento agitado ou desorganizado;
- jogos repetitivos, com expressão de temas ou aspectos do trauma: brincar de carrinhos com colisões freqüentes, caso tenham sofrido ou testemunhado acidentes de carro, por exemplo;
- ocorrência de sonhos amedrontadores sem um conteúdo identificável;
- reencenação específica do trauma, que pode ser demonstrada também por desenhos;
- comportamento inibido.

QUEM SOFRE MAIS... E A BUSCA DO CONFORTO

Os estudos sobre o TEPT ainda estão em fase embrionária, pouco se sabe sobre o transtorno e a predisposição de cada indivíduo. No entanto, algumas pesquisas já apontam que, dentre as pessoas que sofreram um trauma severo, 10 a 50% podem desenvolver o TEPT, sendo as mulheres mais vulneráveis que os homens, bem como as crianças e os idosos. Nos Estados Unidos, as pesquisas apontam que de 8 a 12% da população já desenvolveram ou vão desenvolver os sintomas, configurando-se uma patologia. No Brasil ainda não há dados específicos sobre o transtorno.

É essencial que o indivíduo procure ajuda logo após o trauma, ainda na fase aguda, pois as chances de melhora e superação das recordações aflitivas são maiores. O tratamento precoce também diminui as chances de o indivíduo desenvolver transtornos secundários ao TEPT (depressão, pânico, abuso de drogas etc.), que podem trazer seqüelas e perturbações para o resto de suas vidas, com prejuízos evidentes nos setores sociais, profissionais e/ou acadêmicos.

O tratamento medicamentoso é feito com uso de substâncias que ajudam a regularizar os níveis de serotonina (ISRS) ou antidepressivos tricíclicos e alguns ansiolíticos, na melhora do quadro ansioso e/ou depressivo.

Com relação à psicoterapia, algumas teorias e estudos sobre o TEPT demonstram resultados satisfatórios, especialmente a terapia cognitivo-comportamental (TCC). Técnicas de exposição prolongada à situação traumática ou imaginação – relembrar com detalhes a situação –, vêm sendo utilizadas com eficácia. Também é necessário "treinar" o paciente para que se habitue às situações de estresse, incluindo técnicas de relaxamento e de reestruturação de padrões cognitivos (maneiras de pensar e interpretar os fatos). Pela TCC, é possível diminuir o quadro ansioso, trabalhar os sentimentos de culpa e de raiva que se associam ao transtorno, entre outros desconfortos, para "abrirmos acesso" às lembranças positivas que ocuparão o lugar daquelas situações desagradáveis.

Em relação às crianças e aos adolescentes, é fundamental que o terapeuta fale sobre o evento traumático e oriente o paciente a não se esquivar do tema ou dos pensamentos inerentes à situação vivenciada. Recursos como brinquedos ou desenhos podem facilitar a comunicação, além de serem importantes para a identificação dos fatos mais marcantes.

O apoio familiar e de amigos também é fundamental para que o paciente não se sinta desamparado e à mercê de seus transtornos e angústias.

É importante que o médico e o terapeuta nunca percam de vista que o indivíduo adoecido não é simplesmente uma máquina a ser consertada, e que não existe um modelo fixo do que significa uma vida saudável. Cada um de nós é um somatório de corpo físico, mente, emoções, essência original e experiências singulares. A exposição às situações estressantes e severas pode vir da imposição da própria vida e da história de cada um. Dessa forma, na avaliação do paciente, não se podem ignorar tais fatores, mas, sim, tratá-los como um todo e com o acolhimento que este ser único merece.

Assim, como diz o ditado que "gato escaldado tem medo de água fria", as pessoas que foram vítimas de traumas podem passar toda uma existência em sofrimento e desorientação. É necessário nutri-las com instrumentos suficientes para que entendam o processo que vivenciaram. Palavras de encorajamento e a orientação de que a saúde verdadeira está na aceitação da vida como ela realmente se apresenta (com todas as imperfeições e contradições) são fundamentais para o despertar de um potencial maior. Os desafios, com os quais deparamos pela estrada afora, estimulam virtudes interiores a fazer mudanças para um novo recomeço. É fundamental perceber que nossas vivências anteriores foram necessárias para chegarmos até aqui, no momento presente, mas "o passado é uma roupa que não nos serve mais".

• • •

CAPÍTULO • 6

TRANSTORNO DE ANSIEDADE GENERALIZADA (TAG)

MEDO

Devia ter complicado menos
Trabalhado menos
Ter visto o sol se pôr
Devia ter me
importado menos
Com problemas pequenos

Epitáfio, SÉRGIO BRITTO

PREOCUPAÇÃO EXCESSIVA QUE NÃO LARGA DO PÉ

Por que você sempre olha para os dois lados antes de atravessar a rua, por mais apressado que esteja? Por que, ao provar a sopa, você sempre assopra a colher antes de levá-la à boca? Por que, quando você está em um elevador e de repente ele pára por falta de energia, você fica ansioso, tenso e com falta de ar?

Embora essas perguntas, e suas respectivas respostas, pareçam óbvias ao leitor mais atento, é com base nelas que podemos fazer algumas considerações. Como já vimos em capítulos anteriores, todos nós, desde o nascimento, temos uma dose "terapêutica" de ansiedade e medo, necessária à nossa sobrevivência e perpetuação da espécie. É o medo de ser atropelado que nos faz olhar para os lados antes de atravessarmos a rua. A reação do medo também evita que queimemos a boca ao sorver uma sopa quente, bem como leva à inevitável inquietude de sair correndo do elevador que está em pane. Estas são atitudes, no mínimo, prudentes.

O medo e a ansiedade são fenômenos universais e estão presentes em todos nós, em doses variadas, como resposta à adaptação aos estímulos de ameaça com que deparamos em nosso dia-a-dia.

Diferentemente dos outros quadros clínicos vistos ao longo do livro, o transtorno de ansiedade generalizada (TAG) se caracteriza por um estado permanente de ansiedade, sem nenhuma associação com situações ou objetos. A pessoa com TAG sofre diversos incômodos subjetivos e/ou físicos a cada instante de sua existência, por motivos injustificáveis ou desproporcionais. Trata-se de uma percepção errônea ou exagerada de perigo que, de forma imaginária, está sempre ali, perseguindo, rodeando, invadindo.

Além disso, o paciente que sofre de TAG leva um tempo maior do que a população em geral para se "desligar" do agente causador de ansiedade ou do agente estressor. Mesmo depois de afastada qualquer possibilidade de sofrer algum risco, o pensamento ainda fica conectado, "plugado", remoendo aquela situação estressante. É o estado de vigília permanente; a luz acesa que nunca se apaga!

A ansiedade patológica surge em nossa vida como um sentimento de apreensão, uma sensação constante e incômoda de que alguma coisa vai acontecer, sem mais nem menos. Quem sofre de TAG vive em contínuo estado de alerta e numa constante inquietude. Deixa de viver o presente e desfrutá-lo em forma plena, pois as preocupações subjetivas tomam o espaço destinado ao "aqui e agora". É uma ansiedade crônica, que leva a pessoa a começar o dia em busca de algum motivo de preocupação, desnecessário, não importando se o problema é trivial ou doloroso. É a aflição constante de que deixou de fazer alguma coisa; de que algo pode estar errado; de que esqueceu algum detalhe importante; de que não vai dar conta de tudo o que tem para fazer. É o desassossego permanente; o soldado raso de prontidão diante do inimigo imaginário; é o *Dom Quixote* lutando contra seus moinhos de vento.

Segundo o DSM-IV, a característica essencial do transtorno de ansiedade generalizada (TAG) é uma ansiedade ou preocupação excessiva (expectativa apreensiva), acerca de diversos eventos ou atividades, ocorrendo na maioria dos dias por um período de pelo menos 6 meses. Nesses casos, controlar a preocupação é uma tarefa quase impossível, uma vez que seu senso de avaliação de perigo está comprometido.

Muitos portadores de TAG fazem uma verdadeira peregrinação a vários especialistas como clínicos gerais, cardiologistas, neurologistas, até alcançarem o diagnóstico definitivo. Isto se deve ao fato de que o TAG é permeado de sintomas somáticos (físicos), além dos psíquicos.

Entre os sintomas somáticos, destacamos a taquicardia, a sudorese, cólicas abdominais, náuseas, arrepios, dores musculares, tremores, ondas de calor ou calafrios, adormecimentos, sensação de asfixia, "nó na garganta", dificuldade para engolir, perturbações do sono (insônia, dificuldade para adormecer, acordar no meio da noite etc.) e a fadigabilidade (esgotamento). Dentre os sintomas psíquicos de maior relevância encontram-se a tensão, a apreensão, a insegurança, a dificuldade de concentração, a sensação de estranheza, o nervosismo e outros sintomas afins.

O relato de Márcia, 24 anos, comerciária, descreve bem o desconforto gerado pelo TAG:

> A sensação de insegurança e medo me persegue desde criança. Passei a vida toda buscando justificativas para essa coisa estranha. Tudo era motivo de aflição: quando havia uma prova na escola, a preocupação era em função disso; depois da prova, meu medo era o de não ter ido muito bem, da nota vermelha no boletim e de meus pais brigarem comigo. Muitas vezes, já na adolescência, não conseguia dormir direito devido ao excesso de pensamentos misturados na cabeça: o que eu fiz ou deixei de fazer, a hora de acordar, o trabalho para entregar... uma ansiedade sem fim. Hoje a insônia está

tomando conta de mim. Meus pés e minhas mãos sempre foram assim, úmidos e frios, pingando suor. Se preciso me encontrar com alguém ou fazer uma entrevista, é um verdadeiro suplício! Dá dor no estômago, falta de ar, um nó na garganta. Troco de roupa um montão de vezes, chego sempre antes da hora marcada e, se a pessoa demora um pouquinho, já me sinto a pior das piores. Tudo tem uma proporção gigantesca, uma apreensão que não sei de onde vem e vai aumentando cada vez mais. Minha vida está virando um verdadeiro inferno! Estou trabalhando, mas sempre preocupada com os horários, com as tarefas, com o que o chefe vai me pedir, penso que não vou dar conta, que vou ser demitida... Cansei de ouvir que sou muito agitada. Vivo sempre com pressa, quero fazer tudo correndo, com os nervos à flor da pele. Já acordo "pilhada"; estou aqui, mas já quero estar lá. Dá pra entender uma coisa dessas? Estou no limite e exausta!

Justamente pela riqueza de sintomas, é extremamente importante que o médico não faça o diagnóstico de TAG precipitadamente, mas, sim, que este seja um diagnóstico de exclusão. Explicando melhor: para se estabelecer um diagnóstico de TAG, primeiro, é preciso ser investigado cuidadosamente se o quadro ansioso não é fruto de outras doenças que desencadeiam as mesmas sensações físicas e psíquicas do transtorno acima. Dentre elas destacamos as seguintes:

◎ TRANSTORNO DO PÂNICO: caracterizado por sucessivos ataques de pânico (ocorrências definidas e inesperadas de medo extremo), acompanhados de falta de ar, sudorese, tremores, taquicardia etc.

- FOBIA SOCIAL OU TRANSTORNO DE ANSIEDADE SOCIAL (TAS): o foco do medo se relaciona a situações sociais ou de desempenho, com forte receio de ser constrangido publicamente.
- TRANSTORNO OBSESSIVO-COMPULSIVO (TOC): caracterizado por pensamentos obsessivos e intrusivos, tal qual o medo de ser contaminado, por exemplo.
- TRANSTORNO DE ANSIEDADE DE SEPARAÇÃO: caracterizado pelo medo exacerbado de ficar afastado de casa ou de parentes próximos.
- ANOREXIA NERVOSA: predomina a preocupação excessiva quanto à possibilidade de engordar ou ganhar peso.
- FOBIAS ESPECÍFICAS: caracterizadas pelo medo de um objeto ou situação definida.
- TRANSTORNO DE SOMATIZAÇÃO: leva o paciente a ter múltiplas queixas físicas.
- DEPRESSÃO COM ANSIEDADE ASSOCIADA.
- HIPOCONDRIA ou medo intenso de adquirir uma doença grave.
- TRANSTORNO DE ESTRESSE PÓS-TRAUMÁTICO (TEPT): se desencadeia-se após a exposição ou vivência de um evento traumático significativo.
- DOENÇAS ORGÂNICAS: (hipertireoidismo, abuso de substâncias, doenças cardiovasculares, entre outras), que têm como resposta sintomas de ansiedade.

É importante ressaltar que, embora o diagnóstico de exclusão seja necessário, é muito comum que o TAG se associe ou esteja coexistindo com outros transtornos mentais. Dentre eles podemos destacar as fobias específicas e transtorno do pânico, entre outros. Freqüentemente encontramos pacientes que se queixam de vários medos excessivos ao mesmo tempo e, numa avaliação mais criteriosa, observarmos o TAG como o transtorno de origem.

O prejuízo no funcionamento social e ocupacional para os pacientes portadores de TAG é intenso. Existe sofrimento subjetivo devido à constante preocupação, o que é de difícil controle. Evandro, 42 anos, corretor de imóveis, descreve com precisão os prejuízos que tem em decorrência do transtorno:

> Sou casado, pai de três filhos, e não sei bem ao certo quando essa minha ansiedade começou. Certamente antes mesmo de me casar. Lembro-me que, ainda na adolescência, era extremamente ansioso em tudo o que fazia. Muitas preocupações rondavam meus pensamentos. Será que vou conseguir ter uma namorada? Será que vou conseguir um bom emprego? Será que estou agradando nesta roda de amigos? O que eu faço se meu pai descobrir que gastei em uma semana o dinheiro que ele me deu para o mês inteiro? Nunca tive dificuldade em arrumar namoradas, mas, invariavelmente, ficava muito tenso e nervoso quando saía com uma garota. À medida que se aproximava a hora do encontro, começava a sentir calafrios e náuseas. Por diversas vezes, antes de sair de casa, cheguei a vomitar de tanta ansiedade.
>
> Hoje minha preocupação já é outra. Tenho um bom emprego, mas não possuo uma renda mensal fixa, dependo de comissões e de um bom desempenho profissional para garantir uma vida estável para a minha família. É o suficiente para me deixar o tempo

todo preocupado com os meus compromissos financeiros, mesmo que tudo esteja correndo bem. Algumas vezes, acho que minha preocupação é exagerada, outras vezes, não. Às vésperas de fechar um bom negócio, minha ansiedade chega a níveis incontroláveis, mesmo após 17 anos de profissão. A saúde de minha mulher e filhos é um constante motivo de preocupação e apreensão. Quando tenho uma discussão com minha esposa, simplesmente saio dos trilhos e depois percebo que não precisava me exaltar daquela forma. Levo muito tempo para esquecer aquela situação. Fico "ruminando" tudo o que falamos e isso atrapalha o meu trabalho, como se desse um "branco" na mente, e perco bons negócios. Vivo sempre na pressa, quero tudo pra ontem e levo meus problemas de um lado para o outro. Além da minha família e do meu trabalho, várias coisas também me preocupam: a política financeira, as contas para pagar, as relações dos Estados Unidos com outros países, o barulhinho no painel do carro... Tenho uma tensão muscular crônica e acordo mais cansado do que quando fui dormir. Já não sinto mais prazer em sair e estou me distanciando dos poucos amigos que tenho... Vivo sempre cansado.

O transtorno de ansiedade generalizada acomete mais as mulheres do que os homens e a idade de início, muitas vezes, é difícil de calcular, já que a maioria dos pacientes relata uma história típica de preocupação excessiva e nervosismo desde a infância ou adolescência. Porém, é comum que o TAG se manifeste em idades mais avançadas, como no início da fase adulta. Queixas de problemas físicos podem ser excessivas e os pacientes podem apresentar sintomas de tensão motora (tremor, inquietude e dor de cabeça), assim como problemas gastrintestinais, pulmonares ou cardiovasculares. Problemas de hipervigilância (estado de atenção contínua) acarretam irritabilidade constante e deixam o indivíduo em verdadeiros "frangalhos", em cacos, partido ao meio, esgotado.

Para os adultos, o TAG está freqüentemente relacionado à preocupação, excessiva e desmedida com as situações corriqueiras e cotidianas, tais como as responsabilidades no emprego, tarefas domésticas mais triviais, cuidados com os filhos etc. Já nas crianças e adolescentes, o foco da ansiedade está mais direcionado para o desempenho escolar ou jogos competitivos. Também é normal que, durante o curso do TAG, o foco de preocupação mude de evento para evento.

SEJA GENEROSO COM VOCÊ MESMO: CUIDE-SE!

Apesar de parecer difícil para o paciente ansioso se livrar dos medos e da preocupação excessiva, a terapia cognitivo-comportamental (TCC) tem se mostrado extremamente eficaz no tratamento do TAG. As técnicas e métodos específicos ajudam o paciente a mudar suas crenças errôneas, oferecem treinamento na solução de problemas e melhoram o gerenciamento do seu tempo. Com a ajuda do terapeuta, o paciente também poderá obter maior controle das próprias ações e aprender a escolher o comportamento mais adequado para determinadas situações. Além disso, o paciente poderá contar com as técnicas de relaxamento, que diminuem consideravelmente os níveis de ansiedade.

Embora a TCC seja muito eficaz para o TAG, somente essa prática terapêutica, muitas vezes, não é suficiente para trazer o alívio necessário para os sintomas que o paciente apresenta. Neste caso, a intervenção medicamentosa se faz necessária, e poderá acelerar o processo de recuperação e o surgimento de resultados mais satisfatórios.

Dentre os medicamentos mais utilizados estão os que aumentam os níveis de serotonina no cérebro (ISRS), que além de diminuírem a ansiedade, agirão também na depressão, caso ela esteja associada ao TAG. Os benzodiazepínicos (tranqüilizantes) também são utilizados concomitantemente com os antidepressivos, pois trazem alívio imediato. No entanto, é necessário ter cautela, pois podem causar dependência química e, por isso, as doses administradas devem ser as mais baixas possíveis. Com o decorrer do tratamento, os tranqüilizantes deverão ser retirados de forma gradativa (depois de poucos meses), dando prioridade aos antidepressivos e/ou à psicoterapia. A duração do tratamento está intimamente relacionada à gravidade de cada caso, podendo variar de 6, 12 meses até vários anos.

É sempre bom lembrarmos que uma dose equilibrada e saudável de ansiedade é vital para nossa existência. Sem ela nos tornaríamos seres absolutamente apáticos, sem vontade de conquistas, de marchar sempre em frente para que a vida faça sentido, mesmo com todas as vicissitudes que estão por vir. É importante ressaltar que planejar o futuro, com metas e estratégias é extremamente benéfico, pois nos dá a direção certa a tomar daqui para frente, além de prevermos as dificuldades que poderão surgir.

Porém, quando estamos famintos demais, por exemplo, ficamos impossibilitados de selecionar os alimentos mais adequados, mais saborosos e mais saudáveis para saciarmos nossas necessidades básicas. Da mesma forma, a ansiedade em demasia pode nos cegar diante de decisão de escolhas mais sensatas quanto ao nosso cotidiano e à vida futura.

Estar num estado permanente de vigília e ansiedade é perder os parâmetros normais da realidade, enfiar os pés pelas mãos, viver aos trancos e barrancos, navegar à deriva num mar revolto. É tornar-se refém de um sentimento que insiste em nos dominar; é como se fosse um cão feroz que se enforca na própria coleira quanto mais se esforça para se livrar dela!

A ansiedade excessiva estabelece uma conexão direta com o futuro que talvez nunca exista. Enquanto isso, não nos damos conta das oportunidades que o presente generosamente nos oferece e que estão bem ali, o tempo todo, ao alcance de nossas mãos. Então, por que não agarrá-las?

Agora a escolha é de cada um!

• • •

CAPÍTULO • 7

TRANSTORNO OBSESSIVO-COMPULSIVO (TOC)

MEDO

Minha pedra é ametista
Minha cor, o amarelo
Mas sou sincero
Necessito ir urgente
ao dentista
(...)
Na idade em que estou
Aparecem os tiques,
as manias...

Bijuterias, JOÃO BOSCO E ALDIR BLANC

PRISIONEIROS DA MENTE: QUANDO A ANSIEDADE E AS MANIAS SE ENCONTRAM

Quando escrevi o livro *Mentes & Manias,* em 2004, no qual expus de forma clara e objetiva o transtorno obsessivo-compulsivo (TOC), fiquei e até hoje fico muito impressionada com a quantidade de pessoas que me procuram, seja para consultas e tratamento, seja por cartas e e-mails, no sentido de obter orientação. Pude perceber quantas pessoas se identificaram com o assunto e sofriam caladas, sozinhas, envergonhadas, pensando estar enlouquecendo, sem terem a mínima idéia de que se tratava de um problema cujo tratamento está ao alcance de todos.

As manifestações dos leitores demonstraram que o objetivo havia sido alcançado: levar o maior número de informações possíveis ao público sobre os mistérios de um transtorno que afeta milhões de pessoas em todo o mundo, norteando-os e despertando o desejo de buscar ajuda especializada, não somente para si mesmos como também para as pessoas de seu convívio.

O transtorno obsessivo-compulsivo (TOC) é, sem qualquer dúvida, o mais complexo quadro entre os transtornos de ansiedade, que intriga tanto os profissionais da classe médica quanto os da psicologia em todo o mundo. O transtorno obsessivo-compulsivo traz um intenso sofrimento para quem é portador do problema – normalmente sofrem sozinhos e tentam esconder o problema dos familiares –, acometendo cerca de 4% da população mundial. Sendo assim, mesmo já tendo escrito de forma clara e acessível sobre o TOC em um livro à parte, não poderia deixar de citá-lo aqui, mesmo que de forma sucinta ou com apenas informações básicas.

Por isso, iniciamos este capítulo com os seguintes questionamentos:

Você tem alguma mania que lhe causa grande incômodo, e se ficasse livre dela sua vida ficaria muito melhor? Preocupa-se excessivamente com a limpeza ou organização, que consomem muito tempo de sua rotina? Lava as mãos ou toma banho dezenas de vezes ao dia com medo de contaminação? É comum não sair de casa em certas ocasiões com medo de que alguma catástrofe possa acontecer? Não usa roupas com uma determinada cor com receio de que algo ruim possa lhe acontecer ou a alguém muito querido? Confere diversas vezes se fechou o gás ou trancou portas e janelas antes de sair de casa ou de dormir? Tem mania de guardar as facas e outros objetos cortantes, com medo de se ferir ou machucar alguém a qualquer momento? Tem pensamentos persistentes, que não fazem nenhum sentido, mas provocam muita angústia e interferem nos diversos setores de sua vida?

Se você respondeu "sim" a algumas dessas perguntas ou se identificou em situações muito parecidas, você pode estar sofrendo de transtorno obsessivo-compulsivo (TOC) e precisando de ajuda especializada.

Como o próprio nome já diz, o transtorno obsessivo-compulsivo (TOC) é caracterizado pela presença de obsessões e compulsões.

As *obsessões* são pensamentos repetitivos, negativos, estressantes, de natureza sempre ruim ou desagradável, que surgem de forma insistente e indesejável (intrusivos), como se fossem "disquinhos arranhados" de que a pessoa não consegue se desvencilhar. Esses pensamentos obsessivos, por mais que pareçam ser absurdos ou irreais, tornam-se incontroláveis. Mesmo sendo improvável que os pensamentos dessa natureza se concretizem no plano real, os pacientes acabam supervalorizando a probabilidade de eles acontecerem e, por isso, desenvolvem comportamentos repetitivos (compulsões) na tentativa de evitar que ocorram. É uma forma de compensar e aliviar o estado ansioso em que se encontram. Assim, as *compulsões*, conhecidas popularmente como "manias", são comportamentos repetitivos que a pessoa se obriga a ter para "anular" as conseqüências de seus pensamentos obsessivos, que ela teme que se realizem. Como exemplos, podemos citar a pessoa que checa dezenas de vezes as trancas de suas portas e janelas porque pensa, seguidamente, que alguém pode invadir a sua casa em função de um mero "descuido" ; ou, ainda, conta infinitas vezes determinados objetos, com medo de perdê-los. Mesmo sabendo que tudo está certo, o medo e a ansiedade são tão intensos, que é quase impossível cessar a verificação. As compulsões também são conhecidas como rituais e podem ser expressas das mais diversas formas, dependendo de cada caso. Muitas vezes, não têm uma relação direta, pelo menos plausível, com o pensamento em si.

Uma boa forma de você, leitor, entender as obsessões no TOC, é vivenciar o seguinte teste: nos próximos dez segundos, feche os olhos e *não* pense na cor azul. Percebeu a dificuldade? Se você fez o teste, notou que durante esse período foi impossível não pensar nessa cor. Você certamente também deve ter sentido que quando você deseja muito não pensar em alguma coisa, paradoxalmente, esse pensamento se fixa na sua mente de uma forma incontrolável. É automático.

É exatamente esse descontrole (de pensamento) que leva a pessoa a praticar os atos compulsivos. Porém, invariavelmente, os pensamentos dos que sofrem de TOC e que, conseqüentemente, levam à prática de rituais (compulsões) são de conteúdo ruim ou catastrófico e persistentes. Assim, quanto mais o portador de TOC tenta resolver seu problema, ou seja, livrar-se do pensamento ruim, por meio das "manias", e "exorcizar" as obsessões geradoras de grande ansiedade e sofrimento, mais este se torna presente e repetitivo, mesmo sabendo que não faz nenhum sentido.

Henrique, um comerciante de 26 anos, relata a forma como surgiram os primeiros sintomas e a proporção que o problema tomou com o passar dos anos:

Tudo começou aos 15 anos. Tive uma irmã mais nova, para quem eu tinha por hábito dizer muitos "nãos" desde a infância. Mesmo que eu a amasse muito, aquilo me dava uma sensação de poder e autoridade sobre ela, que me proporcionavam certo bem-estar. Mas Cristina adoeceu e veio a falecer antes que eu completasse 16 anos. A partir daí, passei a pensar que Cristina pudesse ter adoecido e morrido em função das minhas negativas e da forma como eu a tratava. Jamais me perdoei por isso! Passei a ter pensamentos obsessivos que me perturbavam, criando tarefas mentais, as quais eu me obrigava a fazer, caso contrário, alguém da minha família poderia ser a próxima vítima. Assim, passei a organizar simetricamente todos os livros da estante, os CDs e tudo o que encontrava

> pela frente, sem nenhum controle. Tinha total consciência de que isso era absurdo, mas também a nítida impressão de que se eu não fizesse, poderia prejudicar outra pessoa da minha família. Depois, impus-me a andar sempre com algumas peças de roupa brancas, principalmente a camisa. Acreditava que o uso de alguma outra cor atrairia más influências sobre mim. Um dia, um amigo comentou que seu filho de apenas um ano e meio não poderia mais tomar leite por recomendação do pediatra. Desde então, nunca mais ingeri leite nem qualquer alimento derivado de leite, com medo de adoecer ou morrer. Com o tempo, os pensamentos ruins e as compulsões foram aumentando e hoje estão num nível insuportável. Todos dizem que sou esquisito, sistemático, metódico e acho que estou enlouquecendo. Pedi férias no trabalho e não consigo mais raciocinar direito.

O medo e a ansiedade são sempre os "combustíveis", que alimentam o pensamento obsessivo e, por conseqüência, a compulsão. O seu portador vive numa prisão emocional e mental, de que somente ele tem a chave, mas por medo ou por falta de entendimento e orientação, não consegue fazer uso dela. O medo e a ansiedade podem se tornar insuportáveis se o indivíduo não der vazão à compulsão, que é o caminho mais curto para se livrar do pensamento desagradável. Infelizmente, esse caminho aparentemente mais fácil é, na realidade, uma grande cilada!

É interessante perceber que, segundo algumas pesquisas, os pacientes com TOC levam cerca de oito a dez anos, após o surgimento dos primeiros sintomas, para procurar ajuda profissional. Isso se deve aos seguintes fatores:

- o portador sabe que esses pensamentos são absurdos;
- acredita que, por si próprio, conseguirá controlá-los, nem que seja dando vazão aos seus atos compulsivos;
- acredita que essas compulsões não afetarão drasticamente a sua vida;
- tem vergonha de expor aos outros o seu problema.

Os familiares, muitas vezes, percebem alguma alteração no comportamento do paciente com TOC, mas consideram estes hábitos repetitivos como "esquisitices" e, por falta de informação, não acreditam se tratar de uma doença. A atitude da família só começa a mudar à medida que o caso progride e piora de tal forma que compromete a rotina diária desse paciente, assim como a de todos os envolvidos.

É muito comum que uma pessoa com TOC que, habitualmente, é muito pontual e irrepreensível no cumprimento de seus deveres, com o passar do tempo, acabe mudando esse comportamento, uma vez que a realização dos rituais (manias) impostos por ela mesma demanda um tempo considerável. Banhos demorados, estar impecavelmente arrumado antes de sair de casa ou verificar todos os detalhes, por exemplo, consomem, às vezes, horas, interferindo nos compromissos sociais, profissionais e/ou acadêmicos do indivíduo.

Thaís, de 25 anos, secretária bilíngüe, relata o quanto o TOC prejudicou sua vida pessoal:

Há cerca de três anos comecei a sentir que meus dentes estavam sujos com alguma freqüência. Toda vez que isso acontecia, sentia-me melhor ao escová-los. O fato é que em alguns momentos sentia um incômodo muito grande, pois achava que meus dentes ainda estavam sujos. Precisava urgentemente escová-los novamente e me ver livre daquela sensação desagradável. Com o passar do tempo, isso foi piorando e passou a me incomodar por 15, até 20 vezes ao dia, fazendo com que eu repetisse aquelas escovações com a mesma freqüência. Ao tentar não escovar os dentes, sentia falta de ar, palpitação, tremores e dormência das mãos. A situação foi se agravando cada vez mais, comecei a ter um intenso desgaste do esmalte dos dentes e problemas na gengiva, que culminou na perda de alguns deles. Depois disso, sentia-me suja por inteiro e precisava tomar banho várias vezes ao dia. Só saía do banho quando o sabonete acabava, o que me fazia ficar muito tempo debaixo do chuveiro. Com isso, eu, que sempre fui uma secretária exemplar, passei a me atrasar para o trabalho e meu rendimento começou a cair. Sem falar na minha aparência, que piorava a olhos vistos, com a pele e os dentes visivelmente prejudicados. Minha auto-estima desapareceu e a depressão tomou conta de mim por me ver daquela maneira. O pior é que cada vez que eu tentava me controlar, a palpitação, a falta de ar e o medo me dominavam. Não tive mais chances, fui demitida e hoje estou desesperada.

Os sintomas de TOC envolvem alterações do comportamento (rituais, compulsões, repetições, evitações), dos pensamentos (preocupações excessivas, dúvidas, pensamentos de conteúdo inapropriado, obsessões) e das emoções (medo, desconforto, aflição, culpa).

Alguns casos de TOC evoluem de forma tão extrema a ponto de o portador não conseguir mais esconder o problema, expondo-se a situações no mínimo bizarras. Quem não se lembra das aparições públicas de Michael Jackson com máscara cirúrgica, presumivelmente para evitar riscos de contaminação?

AS COMPULSÕES OU MANIAS MAIS FREQÜENTES

- MANIA DE LIMPEZA E LAVAGEM: banhos intermináveis, lavar repetidas vezes as mãos até sangrarem, medo de se contaminar ao tocar determinados objetos, limpar os objetos com diversos produtos de limpeza etc. Um caso publicamente divulgado na imprensa é o do cantor Roberto Carlos, que se declarou portador de TOC e que, supostamente, limpa com álcool, várias vezes ao dia, o telefone de casa, principalmente o bocal.

- MANIA DE ORDENAÇÃO OU SIMETRIA: ritual de guardar ou ordenar determinados objetos sempre da mesma forma, na mesma posição ou ainda com a mesma simetria em relação aos demais objetos. O jogador inglês de futebol David Beckham confessou, numa entrevista à rede de televisão ITV, que possui obsessão por colocar em ordem os quartos dos hotéis nos quais se hospeda ou enfileirar as garrafas de refrigerantes para que tudo pareça perfeito. Normalmente em linha reta ou aos pares. Segundo ele, ao chegar num hotel, antes mesmo de relaxar, sente a necessidade incontrolável de fazer desaparecer todos os papéis e livros, guardando-os em uma gaveta para que "tudo esteja perfeito".

- MANIA DE VERIFICAÇÃO OU CHECAGEM: conferir diversas vezes se trancou o carro, se o filho chegou da escola, se o despertador está programado para a hora certa, se desligou o gás do fogão etc. Mesmo que tudo esteja perfeito, a dúvida sempre invade a mente de quem sofre de TOC, que acaba por repetir o movimento infinitas vezes.

- MANIA DE CONTAGEM: não conseguir subir uma escada sem contar o número de degraus, contar as listras da camisa do seu interlocutor durante uma conversa, quantas janelas tem o prédio ao lado cada vez que um pensamento desagradável invade sua mente, entre outros.

- MANIA DE COLECIONAMENTO: guardar uma série de inutilidades, na maioria das vezes verdadeiros "lixos", como garrafas vazias, jornais velhos, por puro medo de que possa um dia precisar daquelas "quinquilharias" e não tê-las mais à mão. Muitas pessoas, ao ganhar ou comprar determinados objetos, em vez de usá-los imediatamente, guardam-nos por anos a fio, esperando uma ocasião especial, ou simplesmente por não conseguirem se desvencilhar deles. Muitas vezes a casa dessas pessoas vira um verdadeiro depósito de objetos de todas as espécies, que as impede de se locomover dentro de seu próprio lar.

- MANIA DE REPETIÇÃO: ligar e desligar o interruptor de luz, apagar e reescrever, escrever a mesma frase várias vezes etc. Este tipo de compulsão, na maioria das vezes, ocorre em conjunto com outras, tais como a de checagem e a de lavagem, por exemplo.

- MANIA MENTAL: normalmente são atos voluntários, como pensar em uma determinada frase ou som para "anular" determinados pensamentos desagradáveis. Pode ocorrer por meio de questões místicas, como rezar por horas a fio para evitar que algo ruim ocorra com uma pessoa querida. Pensar em números, frases, palavras repetidamente para afastar as idéias ruins que invadem sua mente também é comum.

- MANIAS DIVERSAS: não usar marrom ou outra cor, cuspir ao passar numa esquina com velas, não cortar os cabelos ou unhas por medo de que algo aconteça etc. Geralmente, estão relacionadas a evitações e superstições, mas sempre com intenso sofrimento.

Não raro os pacientes também nos relatam obsessões de conteúdo sexual e/ou de caráter religioso, o que envolve sentimentos de muita culpa. Um exemplo desse tipo de obsessão pode ser observado no relato de Carla, 22 anos, universitária, que descreve como tentou resolver o seu problema:

> Quando eu tinha 15 anos, tive uma séria discussão com meu pai que não aceitava de maneira nenhuma que eu namorasse. Passado esse conflito, comecei a ter uns pensamentos absurdos, sempre

ligados a temas violentos, sexuais ou religiosos. Imaginava-me tendo relações sexuais com meu irmão mais novo; os santos nus, exibindo seus órgãos genitais; via-me matando uma criança; pensava num palavrão com o nome de Deus. Foi horrível. Lembro que me sentia muito culpada e achava que estava ficando louca. Não conseguia controlar meus pensamentos. Começava a mentalizar o Pai Nosso sempre que esses pensamentos me "atacavam", mas nem sempre dava resultado. Passei a ter manias totalmente sem sentido para me livrar das idéias ruins, como bater de um lado ao outro da parede, deitar no meio da sala etc. Na época, não suportei e acabei contando aos meus pais o que estava acontecendo comigo. Ficaram apavorados: levaram-me a uma benzedeira, depois a um centro espírita e assim por diante. Há algum tempo, através de uma matéria numa revista, tomei conhecimento do TOC e reconheci, em mim, muitos daqueles sintomas descritos. Mostrei aos meus pais, que procuraram ajuda de um psiquiatra e de uma psicóloga. Depois de um ano de tratamento já me sinto mais encorajada e aos poucos estou controlando meus pensamentos e minhas manias.

Todos nós podemos ser um pouco obsessivos, supersticiosos ou ter algumas "manias", como forma de nos organizar melhor e de prevenir problemas. Na verdade, ser um pouquinho preocupado e ansioso na medida certa é bastante importante. No entanto, se isto passa de um determinado limite, chegando a criar pensamentos e comportamentos repetitivos, que nos trazem sofrimento, que nos fazem perder horas de nosso dia, impedindo-nos de viver a vida de forma plena, é hora de acender a luz vermelha e procurar ajuda.

SEJA O GUERREIRO DO SEU PRÓPRIO DRAGÃO

O TOC já foi considerado um transtorno raro, até porque as pessoas portadoras costumam esconder seus problemas, normalmente por vergonha, já que elas mesmas têm consciência do absurdo de seus pensamentos e compulsões. Mas, atualmente, como já dissemos, cerca de 4% da população em geral sofre do problema, sendo o TOC mais comum que o diabetes, por exemplo. É possível que exista um contingente muito maior de portadores e, conforme as informações vão sendo divulgadas para o público leigo, mais condições tem o indivíduo de identificar o problema e ir em busca de ajuda.

O transtorno costuma aparecer, em média, entre 20 e 25 anos de idade, acometendo um pouco mais as mulheres do que os homens. Hoje, podemos observar um número relativamente grande de crianças que sofrem do problema. O TOC tem um curso crônico e, à medida que o tempo passa, a tendência é piorar. Assim, quanto mais rápido ocorrer o diagnóstico e o tratamento adequados, mais chances o indivíduo tem de recuperar sua qualidade de vida e evitar que o problema interfira de forma dramática nos campos sociais, profissionais, acadêmicos, entre outros de grande importância.

Quanto às causas do transtorno, ainda não se sabe com precisão, mas há um desequilíbrio neuroquímico em algumas áreas do cérebro, envolvendo principalmente o neurotransmissor serotonina. O mecanismo exato ainda não está totalmente esclarecido; no entanto, hoje já temos muito mais dados, importantíssimos, do que há algumas décadas. De qualquer forma, uma coisa é certa: o componente hereditário é muito forte, uma vez que é comum vermos pessoas acometidas em uma mesma família. Os traços de personalidade que colocam uma pessoa sob risco de desenvolver o TOC são a ansiedade, o perfeccionismo, o desejo de ter tudo sob controle, um senso exagerado de responsabilidade e de dever.

No que concerne ao tratamento, é fundamental que seja medicamentoso, pois visa corrigir a carência de serotonina, juntamente com a psicoterapia de abordagem cognitivo-comportamental, como na maioria dos transtornos de ansiedade. Essa técnica terapêutica atua de forma bastante objetiva, estruturada e prática sobre o problema, envolvendo mudanças de comportamento e modificação de idéias distorcidas, que as pessoas com TOC têm, em relação aos acontecimentos, ao ambiente e à vida em geral.

Na maioria dos casos, o ideal é manter a medicação por dois anos, para evitar recaídas. Em uma minoria, há necessidade de a pessoa tomar a medicação, em baixas doses, pelo resto da vida.

Se a pessoa estiver passando por momentos de estresse (psicológico ou biológico), os sintomas podem aparecer ou se intensificarem. Por isso, o tratamento deve conter também um componente de mudança de estilo de vida, para minimizar a suscetibilidade ao estresse. A prevenção é um fator importante.

Assim, como pudemos ver, o TOC causa, por suas diferentes apresentações, grandes sofrimentos aos seus portadores, que podem se sentir fracos, loucos, incapazes, autocríticos, gerando culpas e depressão. Os familiares também devem estar muito bem informados a respeito do assunto, pois muitas vezes, com a melhor das intenções, acabam se envolvendo nos rituais do paciente e contribuindo para que o problema aumente. De maneira inversa, por falta de informação, a família também pode ser um fator de agravamento do problema, ao debochar, ironizar, ridicularizar ou expor o portador de TOC a situações desagradáveis.

Carinho, apoio e compreensão são fatores que não podem faltar da nossa parte, quando lidamos com um paciente com transtorno obsessivo-compulsivo. No entanto, é fundamental enfatizarmos que o tratamento só será bem sucedido quando houver muita paciência, vontade e persistência, tanto por parte do portador quanto das pessoas do seu convívio. O tratamento, para que seja eficaz, depende de todos, mas principalmente daquele que sofre do problema. Além disso, para despertar desse sonho ruim, é necessário se flexibilizar, entender e aceitar as fatalidades e os acontecimentos inevitáveis da vida (Ana Beatriz B. Silva, *Mentes & Manias*, 2004).

• • •

CAPÍTULO · 8

DICAS PRECIOSAS E NÃO-MEDICAMENTOSAS PARA SUPERAR A ANSIEDADE

MEDO

Bom é não fumar
Beber só pelo paladar
Comer de tudo que
for bem natural
E só fazer muito amor
Que amor não faz mal
Então, olha aí,
monsieur Binot
Melhor ainda
é o barato interior
O que dá maior satisfação
É a cabeça da gente, a
plenitude da mente
A claridade da razão

Monsieur Binot, JOYCE

O primeiro e decisivo passo para superar a ansiedade e o medo excessivos é reconhecer e aceitar os seus próprios medos. Todos, sem exceção, têm medos – grandes ou pequenos –, e você não fica de fora.

Se isso estiver trazendo prejuízos significativos em diversos setores da sua vida, o segundo passo é procurar ajuda especializada. Você de fato pode estar sofrendo de um *transtorno de ansiedade* e necessitará de diagnóstico e tratamento adequados.

Caso o diagnóstico seja esse, leve o problema e tratamentos a sério. Os transtornos de ansiedade devem ser encarados como qualquer outra doença (hipertensão, diabetes, enfisema etc.).

Não se envergonhe nem esconda o seu problema, pois isso só faz o "monstro" interno crescer.

Aprenda tudo sobre os seus medos e os transtornos que eles podem lhe causar. Procure literaturas especializadas, troque experiências com outras pessoas, assista a filmes que retratem o problema. Quanto mais souber sobre o assunto, mais aumentará sua munição contra o "inimigo".

Procure suporte de outras pessoas. Tentar melhorar sozinho é sempre muito mais difícil. Familiares, amigos próximos e associações de portadores de transtornos de ansiedade podem ser bases de apoio importantes e ajudam bastante no tratamento.

Participe ativamente do processo da sua recuperação. Busque alternativas de melhora, empenhe-se nas tarefas propostas por seu terapeuta e mantenha sempre um diálogo franco e aberto com o seu médico. Esperar passivamente que os sintomas aliviem não é suficiente. Vencer os medos depende de você querer se ajudar e, lembre-se, ninguém poderá fazer isso por você.

Além destas, existem muitas possibilidades que contribuem para baixar o nível de ansiedade e que consideramos fundamentais como coadjuvantes no tratamento dos transtornos de ansiedade, que estão relacionadas abaixo:

PRINCÍPIOS DIETÉTICOS

Muitas pessoas não se dão conta do importante papel que a seleção de alimentos pode desempenhar na intensificação ou na redução de sintomas de ansiedade, pânico e estresse excessivo. As pesquisas médicas nas áreas de dieta e nutrição, nos últimos trinta anos, demonstraram que muitos alimentos, bebidas e suplementos alimentares podem agravar ou desencadear sentimentos de ansiedade. Em contrapartida, outros estudos concluíram que certos alimentos são benéficos por suas propriedades calmantes e estabilizadoras do estado de ânimo ou humor.

ALIMENTOS A SEREM EVITADOS

Em nossa experiência com os pacientes que sofrem de ansiedade, desde moderada até grave, certos alimentos deveriam ser inteiramente eliminados ou, pelo menos, drasticamente reduzidos a pequenas quantidades, usados ocasionalmente, em um evento especial:

CAFEÍNA (CAFÉ, CHÁ PRETO, REFRIGERANTE À BASE DE COLA, ETC.)

A cafeína deflagra ansiedade e até sintomas de pânico porque excita diretamente vários mecanismos de estimulação do corpo. Eleva o nível de noradrenalina do cérebro, um neurotransmissor que aumenta a vivacidade. Além disso, a cafeína estimula a descarga de hormônios do estresse, principalmente o cortisol, a partir da estimulação das glândulas supra-renais, intensificando ainda mais os sintomas de nervosismo e agitação.

A cafeína ainda exaure as reservas de vitaminas do complexo B e de minerais essenciais do corpo, como o potássio e o cálcio. A deficiência desses nutrientes aumenta a ansiedade, as oscilações de humor e a fadiga. A exaustão do estoque de vitaminas do complexo B no organismo também interfere no metabolismo dos carboidratos e no funcionamento saudável do fígado, o qual ajuda a regular os níveis de açúcar no sangue.

Se você sofre de sintomas de ansiedade, devido a qualquer causa, recomendamos que reduza o seu consumo de café a uma xícara diária e tente eliminar os refrigerantes à base de cola e chás que contenham cafeína. Muitos chás de ervas como camomila, cidreira, erva-doce e hortelã-pimenta podem exercer um efeito relaxante sobre o corpo, ajudando a reduzir a ansiedade.

AÇÚCAR

A glicose é uma forma simples de açúcar que proporciona ao corpo a sua principal fonte de energia. Se não tivéssemos um constante fornecimento de glicose, não poderíamos produzir os milhares de reações químicas de que nosso corpo necessita para desempenhar suas funções diárias. Somente o cérebro, para seu bom funcionamento, é responsável pelo consumo de 20% do total de glicose disponível no organismo. Entretanto, a forma como introduzimos esse importante alimento em nosso organismo pode afetar de maneira profunda nosso estado de humor.

O ideal é ingerir maiores quantidades de carboidratos (açúcares) complexos, como cereais integrais, batatas, legumes e frutas. Os açúcares desses alimentos são digeridos lentamente e liberados na circulação sangüínea de forma muito gradual. Assim, a quantidade de glicose obtida com a digestão desses alimentos não sobrecarrega a capacidade do corpo para absorvê-la.

Infelizmente a maioria das pessoas no mundo ocidental costuma obter as doses necessárias de glicose para o bom funcionamento do organismo pelo uso excessivo de açúcar simples, ou seja, o açúcar refinado branco ou o açúcar mascavo, que constituem o ingrediente primário da maioria dos biscoitos, caramelos, bolos, tortas, refrigerantes, sorvetes e outros doces. Além disso, as massas e os pães feitos de farinha branca, da qual se retira todo o farelo, ácidos graxos essenciais e nutrientes, funcionam como açúcares simples.

Com o predomínio do açúcar simples em muitos alimentos, nossa sociedade acaba por produzir milhares de viciados em açúcar em todas as faixas etárias. A excessiva ingestão de açúcar pode ser um importante fator no surgimento de sintomas de ansiedade. A questão ocorre da seguinte forma: em vez de carboidratos complexos, os alimentos baseados em açúcar e farinha branca decompõem-se facilmente no tubo digestivo, assim a glicose é liberada rapidamente na corrente sangüínea e daí absorvida pelas células do corpo a fim de satisfazer suas necessidades energéticas. Para dar conta dessa repentina sobrecarga, o pâncreas libera grandes quantidades de insulina – uma substância que realiza o transporte da glicose do sangue para dentro das células do corpo.

Diante dessa constante abundância de carboidratos de fácil digestão (os chamados carboidratos simples), o pâncreas tende a exagerar a quantidade de insulina necessária. Como conseqüência, o nível de açúcar (glicose) no sangue vai de um nível alto para um nível baixo demais de forma abrupta. Isso resulta no efeito "montanha-russa", muito visível na hipoglicemia ou na TPM feminina.

A pessoa pode se sentir inicialmente eufórica, após ingerir açúcar, e depois sentir um rápido choque e um mergulho profundo em seu nível de energia. Quando o nível de açúcar no sangue fica demasiadamente baixo, a pessoa sente-se ansiosa, agitada e confusa porque o cérebro é privado do seu combustível maior. Para tentar remediar essa situação, as glândulas supra-renais liberam cortisol e outros hormônios que estimulam o fígado a liberar o açúcar que ele tem armazenado, de modo que o açúcar no sangue possa voltar aos níveis normais. O problema é que o cortisol, além de estimular a elevação dos níveis de açúcar no sangue, também aumenta, infelizmente, os sintomas de excitação e ansiedade.

Não há dúvidas de que o excesso de açúcar estressa muitos sistemas do organismo, o que piora a saúde e intensifica a ansiedade, a tensão nervosa e a fadiga. Procure satisfazer seu desejo de doce mudando para alimentos mais saudáveis. Prefira as sobremesas baseadas em frutas ou cereais, como biscoitos de farinha de aveia com suco de fruta ou mel. Peça também orientação a um bom nutricionista, pois ele conhece várias opções saborosas e saudáveis de sobremesas, que poderão satisfazer seus desejos sem perturbarem o seu humor e a sua disposição física.

ÁLCOOL

O álcool é também um açúcar simples, por isso é rapidamente absorvido pelo organismo. Tal como os açúcares, o álcool aumenta os sintomas de hipoglicemia, e o seu uso excessivo pode aumentar a ansiedade e as oscilações de humor.

O álcool é ainda um irritante para o fígado e diversas outras partes do aparelho digestivo. Também pode causar danos inflamatórios ao pâncreas. Com o tempo, todas essas alterações talvez resultem em um agravamento dos estados de hipoglicemia, o que pode deflagrar o aparecimento de um quadro de diabetes, assim como uma deficiência na absorção de nutrientes essenciais pelo intestino delgado.

O sistema nervoso é particularmente suscetível aos efeitos deletérios do álcool, uma vez que esse atravessa facilmente a barreira de irrigação sangüínea do cérebro e destrói as células cerebrais. Em função disso, o álcool pode causar profundas mudanças comportamentais quando consumido em excesso. Os principais sintomas incluem a ansiedade, a depressão, os acessos irracionais de cólera, a baixa capacidade de julgamento, a perda de memória, vertigens e a coordenação motora deficiente.

Mediante estas informações, recomenda-se que as pessoas com sintomas de ansiedade usem muito raramente bebidas alcoólicas e, quando o fizerem, que seja de forma cuidadosa – nunca excedendo duas taças de vinho, duas latinhas de cerveja ou apenas uma dose de qualquer destilado (uísque, vodka, aguardente etc.).

SUPLEMENTOS ALIMENTARES

Milhares de suplementos químicos são usados na fabricação comercial de alimentos. Alguns, muito populares, que incluem os adoçantes sintéticos (como o aspartame), o glutamato monossódico (MSG) e os conservantes (como os nitratos e os nitritos), podem produzir sintomas alérgicos e de ansiedade em muitas pessoas.

Tivemos alguns casos de pacientes que se queixaram de que o uso do adoçante artificial aspartame precipitara neles sintomas pré-pânico, tais como taquicardia, respiração superficial, dores de cabeça, ansiedade e vertigem.

O glutamato monossódico é muito utilizado na preparação de alimentos em restaurantes chineses com o objetivo de realçar o sabor dos pratos. Algumas pessoas referem dores de cabeça e ansiedade quando consomem alimentos preparados com o glutamato monossódico.

Recomendamos às pessoas que apresentam uma maior sensibilidade a esses suplementos químicos que chequem os rótulos dos alimentos para evitarem tais reações desagradáveis.

LATICÍNIOS E CARNES VERMELHAS

Devem fazer parte da dieta de forma moderada, uma vez que ambos os tipos alimentares são de digestão extremamente difícil para o organismo. Por essa razão podem agravar a depressão e a fadiga que coexistem em muitas pessoas com sintomas de ansiedade.

ALIMENTOS QUE ALIVIAM A ANSIEDADE

Certos grupos de alimentos são tolerados por quase todas as pessoas, até mesmo por aquelas que são ansiosas ou extremamente preocupadas. Esses alimentos incluem a maioria das verduras, frutas, féculas, alguns cereais, quinoa, amaranto, milho, arroz e nozes. No início do tratamento, eles devem constituir o núcleo de sua alimentação. À medida que você se sentir melhor, podem-se adicionar mais frutas, cereais, óleos, peixes, aves e carnes (com moderação).

VERDURAS

São alimentos excepcionais para o alívio da tensão e do estresse. Muitas são ricas em minerais importantes para melhorar o vigor físico, a resistência e a vitalidade, como o cálcio, o magnésio e o potássio. Algumas das melhores fontes desses minerais incluem a acelga, o espinafre, o brócolis, a couve, as folhas de beterraba e as folhas de mostarda.

Muitas verduras são ricas em vitamina C, que é uma importante substância anti-estresse. As verduras ricas em vitamina C incluem a couve-de-bruxelas, o brócolis, a couve-flor, a couve-manteiga e a salsa.

FRUTAS

As frutas também possuem uma ampla gama de nutrientes que podem aliviar a tensão e o estresse. Elas são excelentes fontes de vitamina C (morangos, amoras, framboesas, melões e laranjas).

As uvas, amoras e bananas são excelentes fontes de cálcio e magnésio, dois minerais essenciais ao funcionamento adequado do sistema nervoso e da função muscular. As uvas e as bananas são também fontes excepcionais de potássio, que é muito bom para a fadiga excessiva e o inchaço.

Recomenda-se comer a fruta toda para beneficiar-se do seu conteúdo rico em fibras, as quais ajudam a evitar a prisão de ventre e outras irregularidades digestivas. Em fase de muito estresse, consuma a fruta e evite os sucos de frutas. O suco de frutas não contém o volume de fibras da fruta inteira, dessa forma age mais como o açúcar de mesa, desestabilizando o nível de açúcar no sangue quando consumido em excesso. Isso pode exacerbar a ansiedade, a fadiga e as variações do humor.

FÉCULAS

Batatas, batatas-doces e inhames são carboidratos leves, bem tolerados, que fornecem uma fonte adicional de proteínas de fácil digestão para pessoas com ansiedade e tensão nervosa. Tal como os carboidratos complexos, as féculas são calmantes, pois ajudam a regularizar o nível de açúcar no sangue.

LEGUMES

Feijões e ervilhas são excelentes fontes de cálcio, magnésio e potássio, necessários ao funcionamento saudável do sistema nervoso, e têm propriedades de relaxamento emocional e muscular. Os legumes fornecem uma ótima fonte de proteína que pode ser facilmente utilizada e, por isso mesmo, podem substituir as carnes em muitas refeições.

CEREAIS INTEGRAIS

Os cereais integrais são excelentes fontes de nutrientes estabilizadores do humor, como o complexo da vitamina B, a vitamina E, muitos minerais essenciais, carboidratos complexos, proteínas, ácidos graxos essenciais e fibra. Os cereais integrais ajudam a estabilizar o nível de açúcar no sangue e, dessa forma, previnem os sintomas de ansiedade desencadeados pela hipoglicemia.

O arroz integral e o milho são boas escolhas para pessoas com sintomas moderados de ansiedade. Nessa categoria estão também o trigo sarraceno e as alternativas exóticas, como a quinoa e o amaranto.

SEMENTES E NOZES

Sementes e nozes são as melhores fontes dos dois ácidos graxos essenciais, o ácido linóico e o ácido linolênico. Esses ácidos fornecem as matérias-primas de que o nosso organismo necessita para produzir os benéficos hormônios prostaglandinas. Níveis elevados de ácidos graxos essenciais em uma dieta são muito importantes na prevenção dos sintomas físicos da TPM, menopausa, transtornos emocionais e alergias. As sementes que fornecem ambos os ácidos graxos são a linhaça e as sementes de abóbora. As sementes de gergelim e de girassol são excelentes fontes de ácido linolênico.

Nozes e sementes são extremamente ricas em calorias e podem ser de difícil digestão, principalmente se forem torradas e salgadas. Portanto, devem ser ingeridas somente em pequenas quantidades.

CARNES, AVES E PEIXES

As carnes vermelhas e as aves devem ser comidas em pequenas quantidades. A melhor escolha é o peixe. Ao contrário das demais carnes, o peixe contém ácido linolênico, ajudando a relaxar o estado de ânimo, assim como os músculos tensos.

O peixe é também uma excelente fonte de minerais, sobretudo de iodo e potássio. Escolhas particularmente boas para pessoas ansiosas são o salmão, o atum, a cavala e a truta.

TÉCNICAS DE RELAXAMENTO

Incluir exercícios de relaxamento no tratamento da ansiedade e do estresse tem dado um *feedback* muito positivo. A grande maioria dos pacientes relata uma sensação de maior bem-estar com a utilização das técnicas de relaxamento e também assinala melhoras significativas em sua saúde física.

As pessoas com sintomas constantes de ansiedade e tensão nervosa são usualmente represadas por um contínuo mental de cogitações negativas. Ao longo do dia, sua mente consciente é inundada por pensamentos e fantasias que geram sentimentos conturbados. A maioria desses sentimentos refere-se aos problemas de saúde, de finanças ou de relações pessoais e de trabalho. Essa implacável repetição mental de questões não resolvidas pode reforçar os sintomas de ansiedade e ser algo extenuante. É fundamental, para essas pessoas, aprender como deter esse constante diálogo interior e aquietar a mente.

Existe uma série de exercícios e técnicas de relaxamento, todas muito boas e recomendadas. O mais importante é que você utilize aquela que lhe possibilite atingir paz física e mental. Experimente algumas e observe o resultado: se sua mente começar a se esvaziar e depois de algum tempo permanecer quieta, como se nada mais importasse na vida, a não ser a manutenção daquele estado mágico de paz e harmonia, saiba que você encontrou a sua técnica ideal. Depois disso é só treinar e treinar, afinal o hábito faz o monge!

EXERCÍCIOS FÍSICOS

O exercício físico é uma parte importante em um programa de redução de ansiedade e do estresse. A descarga de tensão física e emocional, que acompanha uma vigorosa sessão de exercícios, reduz direta e imediatamente a ansiedade e o estresse. Além disso, os benefícios fisiológicos, a longo prazo, da prática de exercícios físicos reforçam a sua resistência ao estresse e promovem mudanças psicológicas benéficas.

Além de melhorar o funcionamento cardiovascular, o exercício regular também reduz a ansiedade pelo aperfeiçoamento do funcionamento cerebral. O exercício favorece em melhor oxigenação e circulação para o cérebro e para os nervos, pois desobstrui e dilata os vasos sangüíneos do corpo e do cérebro. Assim, mais nutrientes podem fluir para a execução das funções cerebrais e mais produtos tóxicos podem ser removidos do cérebro.

O exercício regular não só induz progressos funcionais no cérebro mas também altera de forma surpreendente a própria química cerebral de um modo muito positivo, através das endorfinas beta. Estas substâncias, além de possuírem efeito sedativo para a dor, apresentam um efeito espetacular sobre a disposição e o ânimo. Reduzem também a ansiedade e a tensão nervosa.

Muitas pessoas transformam a prática de exercícios físicos em um bom hábito. E isso é muito positivo, pois substituem conscientemente, pelo exercício, os modos mais prejudiciais como lidavam com o estresse no passado, como abusar do álcool, comer em excesso ou adotar um comportamento agressivo.

Exercitar-se regularmente, entre três a cinco vezes por semana, pode até ser considerado um "vício" para alguns, mas ninguém pode negar que se trata de um vício muito positivo que acarreta efeitos benéficos para a saúde.

TERAPIAS COMPLEMENTARES

Ouse buscar outras técnicas terapêuticas como coadjuvantes no processo da sua recuperação. Dentre elas, destacamos a ioga, a meditação, a acupuntura, o shiatsu, a terapia com florais, entre muitas outras disponíveis e aprovadas pela Organização Mundial de Saúde (OMS).

Não defendemos o fato de as terapias citadas substituírem o tratamento convencional medicamentoso e/ou psicoterápico; porém a nossa experiência clínica mostra que a procura por outras técnicas, que no nosso entendimento são erroneamente rotuladas de "terapias alternativas", trazem resultados muito satisfatórios quando associadas ao tratamento estabelecido. Via de regra, as terapias complementares estão voltadas para o bem-estar do indivíduo como um todo (corpo, mente e alma), proporcionando conforto, autoconhecimento e, conseqüentemente, autocontrole.

E por último, não se descuide da sua espiritualidade, seja qual for e do jeito que for a sua crença!

• • •

CAPÍTULO • 9

DE ONDE VEM ISSO?

MEDO

Mesmo quando tudo pede
um pouco mais de calma
Até quando o corpo pede
um pouco mais de alma
A vida não pára
Enquanto o tempo
acelera e pede pressa
Eu me recuso faço
hora vou na valsa
A vida é tão rara (...)
Será que é o tempo que
lhe falta pra perceber
Será que temos esse
tempo pra perder
E quem quer saber
A vida é tão rara (tão rara)

Paciência, LENINE E DUDU FALCÃO

AS CAUSAS DO MEDO E DA ANSIEDADE

No mundo moderno, especialmente nos países mais desenvolvidos ou nas grandes metrópoles, dificilmente algum de nós irá passar por uma situação de medo intenso (pavor mesmo) relacionada ao universo natural. Convenhamos que, para nós humanos urbanos, será muito difícil encontramos uma cobra cascavel ou surucucu, ou mesmo um crocodilo faminto nas agitadas ruas e avenidas das grandes cidades ou, ainda, não encontrarmos abrigo seguro em meio a uma grande tempestade.

Na desafiadora tentativa de governar as forças da natureza e direcionar o destino da humanidade, acabamos por criar novos riscos e ameaças para nossa própria sobrevivência: estradas de alta velocidade, armas de fogo, bombas nucleares, gases que provocam efeito estufa, armas biológicas, cobranças sociais provocadas por fracassos profissionais ou mesmo por períodos de dificuldades financeiras e afetivas, aos quais todos nós estamos sujeitos.

O fato de esses perigos não se apresentarem subitamente (de forma que não provocam uma reação de medo, intenso e real, na maioria das pessoas) não traduz, em absoluto, o caráter inofensivo deles. A ansiedade manifestada por tais situações cotidianas de perigo e ameaças, aparentemente corriqueiras e banais, representa hoje, na vida moderna, um dos principais fatores debilitantes para a saúde. A ansiedade pode reprimir certas sensações como a alegria de fazer uma nova descoberta pessoal ou profissional, o prazer de um evento social ou uma competição esportiva, sem falar na inibição da iniciativa e da criatividade que existe em cada uma das pessoas que vivem esses dias tão estressantes.

Atualmente, excetuando-se os vícios, os transtornos associados à ansiedade são os mais comuns entre todos os transtornos mentais. Mais de 10% dos norte-americanos e dos europeus sofrem de ansiedade. Se não bastasse a importância quantitativa dos transtornos de ansiedade, seu aspecto qualitativo, por si só, justificaria um entendimento mais profundo das causas da ansiedade patológica, cuja atuação sobre um indivíduo pode levá-lo a várias impossibilidades nos mais diversos setores de uma vida.

AS CAUSAS DA ANSIEDADE PATOLÓGICA

Quando uma pessoa se refere à ansiedade por ela sentida como uma queixa séria, ou seja, capaz de lhe trazer transtornos e limitações na vida cotidiana, devemos averiguar, com precisão, como estão funcionando os seguintes sistemas do seu organismo: o sistema nervoso (central e periférico), o sistema endócrino, o sistema imunológico e/ou o sistema cardiovascular.

Nos casos de ansiedade patológica ou excessiva, qualquer um desses quatro sistemas funcionais do organismo pode se apresentar comprometido:

SISTEMA NERVOSO CENTRAL E PERIFÉRICO

Corresponde ao cérebro (com seus neurônios, suas sinapses, suas substâncias neurotransmissoras, células de sustentação etc.) e às fibras nervosas que ligam o cérebro aos órgãos e aos músculos de todo o nosso corpo. Quando a ansiedade excessiva é causada por alterações presentes nesse sistema, ela passa a ser denominada de transtorno de ansiedade.

Isso é fácil de entender, uma vez que os transtornos de ansiedade são classificados, pela medicina, como alterações mentais e, como sabemos, a mente corresponde às funções (ou energia) geradas pelo bom funcionamento das estruturas nervosas, especialmente o cérebro. Para que fique bem esclarecida a relação entre cérebro e mente, podemos recorrer à analogia feita entre uma lâmpada e a luz que esta produz. Neste caso específico, o cérebro corresponderia à lâmpada (estrutura física) e a mente à luz (estrutura funcional ou energética), que necessita da estrutura física para exercer sua função de "iluminar".

SISTEMA ENDÓCRINO (OU GLANDULAR)

Corresponde ao sistema que regula as funções reprodutivas e metabólicas, tais como a menstruação e a eficiente queima dos alimentos para a geração de energia para o organismo. As glândulas produzem hormônios que, pela corrente sangüínea, levam mensagens químicas a todas as partes do corpo.

SISTEMA IMUNOLÓGICO

Corresponde ao sistema que é responsável pelo combate aos "invasores" externos ao nosso corpo. Entre esses invasores, podemos citar os vírus e as bactérias. Outra função importante do sistema imunológico é eliminar as células cancerosas que se formam em nosso próprio organismo.

SISTEMA CARDIOVASCULAR

Corresponde ao conjunto formado pelo coração e todos os vasos sangüíneos existentes no corpo. A principal função do sistema cardiovascular é conduzir sangue com alimento e oxigênio a todas as células de nosso corpo.

É importante destacar que, na maioria das vezes, os sintomas de ansiedade excessiva estão relacionados com um ou mais comprometimentos desses sistemas citados. No entanto, o termo transtorno de ansiedade só poderá ser utilizado quando o sistema nervoso for o principal sistema funcional comprometido e, portanto, responsável pelos sintomas da ansiedade patológica.

TRANSTORNOS DE ANSIEDADE E OS FATORES DE RISCOS

Como pudemos observar ao longo deste livro, os transtornos de ansiedade incluem uma série de quadros comportamentais muito freqüentes em nossa prática clínica diária e, entre eles, destacamos o transtorno do pânico, o transtorno da ansiedade generalizada, as fobias, entre outros aqui descritos. Pesquisas revelam que esses transtornos estão associados a mudanças químicas específicas no cérebro, o que ratifica o forte vínculo existente entre mente e corpo.

São diversos os fatores que podem predispor uma pessoa a desenvolver transtorno de ansiedade, entre eles podemos citar: desequilíbrios fisiológicos, fatores genéticos (predisposição familiar), programação familiar, tensão emocional, a curto e longo prazo, e sistemas de crenças pessoais.

DESEQUILÍBRIOS FISIOLÓGICOS (A NEUROQUÍMICA) X TRANSTORNOS DE ANSIEDADE

Durante muito tempo se atribuiu à adrenalina o papel de principal neurotransmissor, responsável pela "reação do medo" ou pela resposta de "luta ou fuga" apresentada pelo organismo, mediante riscos ou ameaças reais ou mesmo imaginárias. No entanto, hoje sabemos que a adrenalina está presente apenas no sistema nervoso periférico, ou seja, nos nervos que se localizam fora do nosso cérebro e que se comunicam com nossos músculos e órgãos viscerais, como o coração, os pulmões e o sistema digestivo.

A adrenalina é secretada pela parte central das glândulas supra-renais (também chamadas de adrenais) em resposta ao estresse e é uma das fontes das várias manifestações da "reação do medo", como o fato do coração bater mais forte e rápido. Mas, para que os efeitos da adrenalina atinjam o cérebro e este possa desencadear os componentes mentais do medo e da ansiedade, essa substância, de ação periférica, estimula uma pequena região localizada na base do cérebro (região denominada de tronco encefálico ou cerebral) que irá, então, transferir a mensagem da adrenalina para uma região de nome muito esquisito, denominada *locus ceruleus*. Segundo os anatomistas que viram esta região pela primeira vez, ela tinha o aspecto de céu (*cerelus*) salpicado de estrelas, haja imaginação!

O *locus ceruleus* é o local onde residem as células cerebrais que produzem a "irmã gêmea" cerebral da adrenalina, chamada de noradrenalina. O *locus ceruleus* libera noradrenalina por meio de vias nervosas diretas para a amígdala e para o hipocampo. A amígdala e o hipocampo são os principais componentes do sistema límbico do cérebro (ver figura a seguir).

ESTRUTURAS CEREBRAIS E SISTEMA LÍMBICO

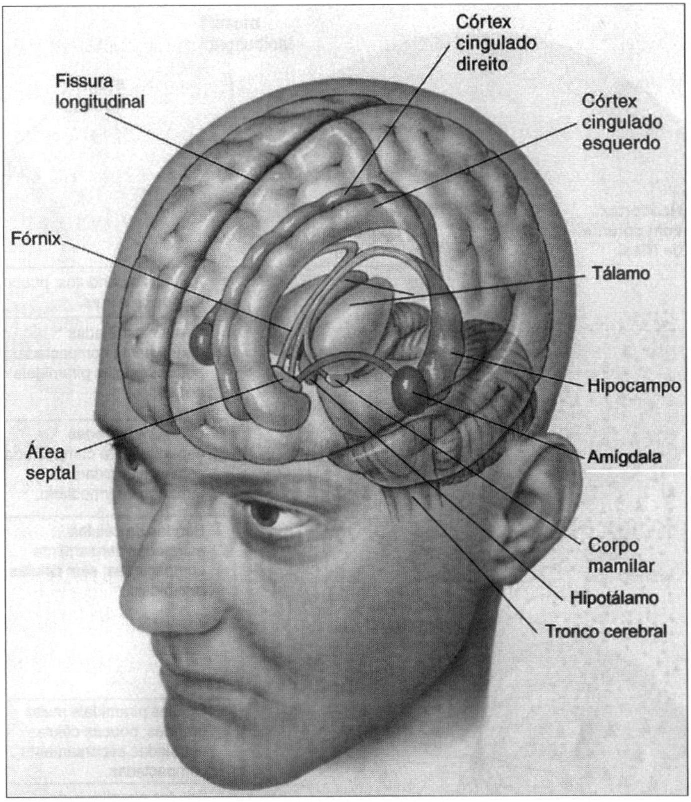

Fonte: Pinel, P. J. *Biopsicologia*. Porto Alegre: Artmed, p. 100, 2005 (adaptado por Silva, Ana Beatriz B.)

O sistema límbico é responsável por todas as emoções desde as mais agradáveis, como alegria e paixão, até as mais incômodas, como tristeza, medo, desespero e ansiedade. Dessa forma, o cérebro emocional (sistema límbico) e o "corpo físico" são co-ativados ao mesmo tempo, durante a resposta de "luta ou fuga" (estresse). O "corpo físico" é ativado pela adrenalina e o cérebro pela noradrenalina. Em termos de medo e ansiedade o que "o corpo sofre, a mente sente".

A adrenalina e a noradrenalina não são os únicos neurotransmissores envolvidos na resposta ao medo e à ansiedade. Nas glândulas supra-renais, enquanto a parte interna está enviando adrenalina, outras partes também são ativadas pelo estresse e liberam o transmissor neuroendócrino chamado cortisol. Produzido em quantidades adequadas e no momento certo, o cortisol também ajuda a nos adaptarmos a situações estressantes. O cortisol atua em diversas partes do corpo: ele regula o ciclo do sono/vigília, a excitação mental e o sistema imunológico.

No entanto, temos de destacar que o hipocampo e a amígdala são estruturas repletas de receptores de cortisol e, por isso mesmo, participam da regulação do estresse causado pelo medo e pela ansiedade por retroalimentação, ou seja, trocam mensagens com as glândulas supra-renais, influindo assim na produção quantitativa do cortisol. Por isso, podemos afirmar que o hipocampo e a amígdala são regiões cerebrais adjacentes e complementares, mas que desempenham papéis diferentes nos mecanismos da ansiedade, do medo e do estresse.

A amígdala é a nossa "via rápida", que nos faz reagir sem pensar. O hipocampo, embora também seja uma região relativamente "primitiva", é um pouco mais sofisticado e pode ser considerado como outra parte do sistema límbico, a chamada "via lenta", uma vez que ele é responsável por associar contextos (situações diversas entre si) e perceber estímulos. Ele nos "dá consciência" de quando recuperamos ou lembramos de memórias de forma intencional. Em relação ao cortisol, a amígdala estimula a sua liberação, enquanto o hipocampo a suprime.

Segundo Bruce McEwen, da Rockefeller University, a amígdala é relativamente "forte" e não parece sofrer nenhuma lesão quando ocorre um acúmulo crônico de cortisol sob condições estressantes. No entanto, o hipocampo é mais sensível e vulnerável. McEwen mostrou que o estresse crônico faz com que os neurônios do hipocampo percam dendritos (segmentos que fazem um neurônio se comunicar com diversos outros), de modo que ele acaba "encolhendo". Isso pôde ser confirmado tanto por meio de estudos com animais como também em cérebros humanos, utilizando-se a ressonância magnética estrutural.

Essas observações têm importantes implicações para o nosso entendimento das inter-relações entre a memória, o estresse e a ansiedade. Com elas nos dispomos a tecer algumas conclusões, mesmo que iniciais: a perda de células no hipocampo pelos elevados níveis do cortisol, nas situações prolongadas de estresse e ansiedade, seria responsável pela dificuldade que apresentamos em memorizar coisas e fatos novos, quando nos encontramos nessas circunstâncias vitais. Por outro lado, as memórias traumáticas, legadas ao medo e aos fatores estressantes, tornar-se-iam mais pronunciadas, já que as células do hipocampo, responsáveis pela memória recente (fatos novos), são mais sensíveis aos efeitos nocivos do cortisol do que as células responsáveis pela memória antiga (fatos passados). Essa exacerbação das memórias antigas parece ter estreita conexão com o condicionamento do medo em milhões de pessoas que sofrem de transtorno de ansiedade.

Pelo menos, em termos de ansiedade, cortisol, amígdala e hipocampo vale a máxima "tristeza não tem fim, felicidade sim", uma vez que o cortisol, liberado pelos quadros prolongados de ansiedade, cria um forte condicionamento negativo na amígdala e reforça a memorização consciente dos fatores estressantes no hipocampo ao reduzir a capacidade deste adquirir novas e melhores lembranças.

Um aspecto bastante curioso sobre os medicamentos usados para tratar os transtornos de ansiedade é que muitos tipos diferentes são, de forma semelhante, proveitosos e eficientes. O fato comum entre eles é que todos afetam os sistemas neuroquímicos do cérebro. Esse fato em si não é tão surpreendente; o que causa admiração realmente é o que tange à diversidade dos sistemas neuroquímicos.

As substâncias antiansiedade mais antigas – os benzodiazepínicos ou calmantes – afetam o sistema inibitório GABA (ácido y-aminobutírico) do cérebro. Presumivelmente, os benzodiazepínicos reduzem os efeitos da atividade excessiva do sistema noradrenérgico, que surge no *locus ceruleus* (no tronco encefálico ou cerebral – fora do cérebro) e se projeta de forma difusa por todo o cérebro. Do *locus ceruleus* existem projeções noradrenérgicas diretas para a amígdala e para o hipocampo. A redução do *input* (entrada de estimulação) dessas regiões pode ter um efeito específico sobre a resposta de medo condicionado, que é produzida pela amígdala, ou sobre a evocação de memórias negativas conscientes no hipocampo. Assim, de maneira alternativa, o GABA pode reduzir a ansiedade antecipatória por meio de efeitos diretos sobre a atividade noradrenérgica no córtex.

Os inibidores seletivos da recaptação da serotonina (ISRS) juntaram-se ao armamento terapêutico contra a ansiedade nos últimos anos. Esses medicamentos têm como alvo o sistema da serotonina e aumentam a disponibilidade desse neurotransmissor (serotonina) nas sinapses cerebrais (região de comunicação entre um neurônio e outro). Embora os ISRS sejam utilizados primariamente como antidepressivos, evidências de diversas fontes sugerem que o tratamento com essas substâncias, ao longo de várias semanas ou meses, bloqueia a atividade noradrenérgica de maneiras diretas e indiretas. Em pacientes tratados por um período de três meses com esses agentes serotoninérgicos, verificou-se que eles apresentavam níveis reduzidos de metabólitos da noradrenalina em seus exames de urina.

O tratamento em longo prazo com ISRS também parece reduzir a produção supra-renal de cortisol, bloqueando-a no nível do hipotálamo (deixa de liberar o hormônio corticotrófico, que estimula a supra-renal a produzir cortisol). Além disso, os neurônios serotoninérgicos também apresentam projeções diretas para a amígdala, onde provavelmente bloqueiem os estímulos excitatórios do córtex sensorial e do tálamo. Esse pode ser o principal mecanismo pelo qual reduzem a ansiedade.

FATORES GENÉTICOS X TRANSTORNOS DE ANSIEDADE

Os fatores genéticos parecem ter importância como fatores de risco para o desenvolvimento de transtornos de ansiedade. Estudo com gêmeos idênticos mostrou que a probabilidade de que ambos tenham um transtorno de ansiedade se um deles for afetado é estatisticamente significativa (acima de 30%). Os gêmeos fraternos, os quais não possuem a mesma constituição genética, também correm maior risco de desenvolvimento de um transtorno de ansiedade se um deles for afetado, embora o risco esteja longe de ser tão grande quanto para os gêmeos idênticos. A agorafobia, um dos transtornos de ansiedade mais comuns, também parece mostrar uma predisposição familiar: enquanto 5% de toda a população sofre desse mal, a taxa de agorafobia em pessoas que têm um dos pais apresentando esse mesmo diagnóstico é de 15 a 25%.

AMBIENTE FAMILIAR X TRANSTORNOS DE ANSIEDADE

Certos tipos de ambientes familiares parecem predispor as crianças para o desenvolvimento de transtornos de ansiedade, produzindo nelas sentimentos de insegurança, medo e dependência. Um desses cenários é criado por pais que são perfeccionistas e críticos, exigindo, constantemente, que o desempenho de seu filho atinja níveis insuperáveis. Uma criança nessa situação pode crescer com um sentimento sofrível de auto-estima, ansiosa e receosa de aceitar riscos, por medo de fracassar.

Os pais que apresentam fobias, ou são supersticiosos, também podem criar filhos que sofram de ansiedade. Esses pais tendem a ensinar aos filhos que o mundo é um lugar assustador, repleto de perigos e riscos. Esse tipo de família pode criar um filho que seja tímido e ansioso a respeito de enfrentar novos desafios na vida. Os pais que são abertamente dominadores, e suprimem a capacidade de afirmação de uma criança por meio de punições, podem engendrar ansiedade em seus filhos. Nesse ambiente, as crianças são punidas por falar com franqueza e expressar seus sentimentos sem rodeios. Essas crianças podem crescer receosas de tomar iniciativa ou mostrar suas verdadeiras convicções.

É importante destacar que nem todas as crianças que crescem em ambientes familiares estressantes desenvolvem transtornos de ansiedade. Muitas crescem em ambientes familiares muito difíceis, sem nunca terem apresentado um quadro de ansiedade excessiva. A probabilidade de desenvolverem um transtorno de ansiedade, quando criadas em famílias sumamente estressadas, é maior em crianças cuja reação de "luta-ou-fuga" é facilmente deflagrada por circunstâncias perturbadoras ou desconcertantes.

CIRCUNSTÂNCIAS IMPORTANTES COMO DESENCADEADORAS DE TRANSTORNOS DE ANSIEDADE

Pessoas que sofreram de séria tensão nervosa durante um longo período de tempo, como conseqüência de um casamento violento ou injurioso, do falecimento ou enfermidade crônica em membros da família ou de constantes preocupações financeiras, podem descobrir que a sua capacidade para dominar o estresse com calma e equanimidade encontra-se comprometida. Tensões emocionais incessantes e graves são suscetíveis de causar o desgaste do sistema nervoso e, com o tempo, fazer com que uma pessoa fique excessivamente ansiosa ou estressada.

Um motivo de muito estresse num curto período de tempo também pode engendrar ansiedade. Isso é particularmente verdadeiro quando o agente estressante (como a morte de um cônjuge ou a perda de um emprego de muitos anos) provoca significativas mudanças ou transtornos na vida. Até mesmo experiências positivas, como casar ou ter um bebê, causam ansiedade, pois lançam as pessoas em situações inteiramente novas para as quais elas podem não ter tido preparação adequada.

CRENÇAS PESSOAIS X TRANSTORNO DE ANSIEDADE

Muitas pessoas nutrem sistemas de crenças que reforçam os transtornos de ansiedade e geram um comportamento que mantém o estado ansioso. Incluem-se aí a sofrível imagem de si mesmas e a baixa avaliação das próprias capacidades e aptidões. As pessoas com transtornos de ansiedade em sua maioria são muito inseguras, sentindo-se mal equipadas para realizarem, na vida, as transformações que lhes permitam enfrentar e mudar as questões relacionadas à ansiedade.

Todas essas pessoas com transtornos de ansiedade nutrem, com freqüência, uma visão negativa do mundo. Elas vêem as situações da vida e os lugares como perigosos e ameaçadores, enquanto outras, que não sofrem desses transtornos, podem encarar as mesmas circunstâncias como inofensivas ou mesmo agradáveis. Elas reforçam, freqüentemente, o próprio transtorno ansioso por meio de um diálogo interno de caráter negativo e ameaçador. Como todos sabemos, as pessoas mantêm um constante diálogo consigo durante boa parte do dia; esse é o chamado de *solilóquio*. Um solilóquio negativo pode ser um importante fator na perpetuação dos transtornos de ansiedade.

NEUROIMAGENS X TRANSTORNOS DE ANSIEDADE

A maioria das pesquisas realizadas sobre a base do medo e da ansiedade é conduzida com cobaias de laboratório. Os caminhos do medo/ansiedade estão entre os mais antigos, do ponto de vista filogenético, e parecem estar presentes em todas as espécies de vertebrados.

Felizmente, por causa do poder das técnicas modernas de neuroimagem, também podemos estudar o cérebro humano e medir o seu fluxo sangüíneo, mapeando, assim, os circuitos do medo e da ansiedade no cérebro humano. "in vivo". Em estudos de PET (tomografia por emissão de pósitrons) realizados em Iowa (EUA), foi possível visualizar a maneira como o cérebro normal responde a estímulos desagradáveis, que são capazes de evocar medo.

Esses estudos foram realizados da seguinte forma: um grupo de voluntários saudáveis observou um conjunto de fotografias padronizado, a uma velocidade de uma a cada dois segundos. Eram fotografias que retratavam cenas que a maioria de nós consideraria assustadoras, desagradáveis ou que provocassem ansiedade. Alguns exemplos são corpos humanos mutilados; uma criança subnutrida e esquálida, que tinha morrido de fome, e uma mosca pousando sobre uma ferida aberta. Comparou-se, então, a resposta do cérebro a essas imagens repulsivas com a reposta produzida ao se verem imagens agradáveis, como um casal se olhando com uma expressão amorosa.

Os resultados demonstraram que os estímulos desagradáveis e que causam medo produziam aumentos no fluxo sangüíneo em diversas regiões cerebrais, a maioria das quais são componentes das conhecidas vias do medo em animais. As regiões mais ativadas foram: da amígdala, do hipocampo, do tálamo, do giro cingulado anterior e frontal inferior. Essas regiões representam o "cérebro límbico" (centro de todas as nossas emoções), mais clássico e primitivo.

Interessante foi observar que as imagens agradáveis ativavam áreas cerebrais muito diferentes, quase todas localizadas no córtex cerebral – área cerebral que é substancialmente maior em seres humanos, em comparação com os demais animais, e que é responsável pelos nossos processos de análise e reflexão. Isso indica que são necessárias as partes superiores do nosso cérebro para que possamos reconhecer o prazer, a alegria e a felicidade. Infelizmente o medo e a ansiedade parecem vir com mais facilidade, pois estão embutidos nas partes mais básicas, profundas e primitivas de nossos cérebros.

ANSIEDADE GERADA POR PROBLEMAS HORMONAIS

Muitos problemas de saúde relacionados com hormônios produzidos por nossas glândulas endócrinas têm como principais sintomas a ansiedade e as oscilações do humor.

TENSÃO PRÉ-MENSTRUAL (TPM)

Em nossa prática clínica observamos que 90% das mulheres com TPM se queixam do aumento de ansiedade e da irritabilidade, que se intensificam uma ou duas semanas antes da menstruação.

Além dos sintomas emocionais, a TPM apresenta numerosos sintomas físicos que envolvem quase todos os sistemas do corpo. Os que nos chama mais atenção são: enxaqueca, inchação, seio sensível, aumento de peso, acne e ânsia por doces.

A TPM não possui uma causa isolada, vários desequilíbrios hormonais e químicos podem deflagrar seus sintomas. Uma das possíveis causas é o desequilíbrio dos níveis de estrogênio e progesterona no corpo. Esses dois hormônios apresentam um acentuado aumento durante a segunda metade do ciclo menstrual. Quando adequadamente equilibrados, estrogênio e progesterona promovem emoções saudáveis e harmônicas. No entanto, sintomas de humor, relacionados à TPM, podem ocorrer se o equilíbrio entre esses hormônios não se estabelecer, pois eles exercem efeitos antagônicos sobre a bioquímica do cérebro. O estrogênio tem um efeito sedativo sobre o metabolismo cerebral. Assim, se há um predomínio do estrogênio, as mulheres tendem a sentir-se ansiosas; se o predomínio for da progesterona, a tendência é elas se sentirem deprimidas.

O equilíbrio entre estrogênio e progesterona depende da quantidade de hormônio que o corpo produz e da eficiência com que o corpo os decompõe e elimina. Os ovários são a fonte primária de produção desses hormônios; já o fígado tem a maior responsabilidade pela inativação do estrogênio. Dessa forma, ele garante que os níveis desse hormônio, que circula em todo o corpo, não se tornem excessivamente elevados.

O estresse emocional e os hábitos nutricionais desempenham papéis significativos no grau com que o sistema hormonal funcionará. Uma exagerada ingestão de gordura, álcool e açúcar submete o fígado a um esforço excessivo, pois a ele cabe processar esses alimentos, assim como os hormônios. A falta de vitamina B reduz a capacidade do fígado de executar suas tarefas metabólicas. Em qualquer desses casos, o fígado não pode decompor os hormônios de maneira eficaz e, como conseqüência, os hormônios continuam a circular no sangue em níveis elevados, sem terem uma eliminação adequada. Dessa forma, a balança pende para o aumento da ansiedade por excesso de estrogênio.

Na TPM ocorrem também desequilíbrios químicos no metabolismo cerebral, que acabam produzindo sintomas de ansiedade e oscilações do humor. Uma dessas alterações seria a queda dos níveis de endorfina beta nos 5-10 dias que antecedem a menstruação. Como a endorfina beta possui um efeito de bem-estar físico e mental, a redução dos seus níveis causa sintomas como ansiedade e irritabilidade.

Um outro fator cerebral responsável pelos sintomas de ansiedade relacionados à TPM se deve à redução dos níveis de serotonina durante esse período. A serotonina é um neurotransmissor que regula a qualidade do sono, o apetite e o bom humor.

Níveis reduzidos de serotonina poderiam explicar o sono de má qualidade, a fadiga, a ansiedade e a irritabilidade de que sofrem algumas mulheres durante a TPM. Explicaria também o desejo insaciável de comer doces e carboidratos durante o período pré-menstrual.

É muito raro a TPM desaparecer espontaneamente sem tratamento. Aquele velho papo "machista" de que "quando casar melhora", é besteira. O que temos observado é que ela piora com a idade, podendo haver uma exacerbação do desconforto conforme se aproxima a menopausa entre os 45-50 anos.

Os desequilíbrios hormonais, químicos e nutricionais, agem juntos na produção dos sintomas da TPM. Além disso, os desequilíbrios podem diferir em qualidade e em quantidade de uma mulher para outra e, por conseguinte, não existe uma droga milagrosa para curar a TPM. Por outro lado, podemos afirmar que ela é tratável e, para isso, além de medicações individuais (antidepressivos, tranqüilizantes, diuréticos e hormônios) as mulheres devem participar ativamente de um programa individual, comprometido com salutares mudanças de estilo de vida.

MENOPAUSA

A menopausa, ou seja, o término de todo o fluxo menstrual, ocorre, para a maioria das mulheres, entre os 48 e 52 anos de idade. Ansiedade, oscilações de humor e fadiga acompanham, com freqüência, esse processo, quando as mulheres passam pelas mudanças hormonais que culminam com o cessar da menstruação.

Os sintomas emocionais da menopausa ocorrem, inicialmente, pelo desequilíbrio dos hormônios estrogênio e progesterona e, posteriormente, pelos níveis muito baixos deles. Os sintomas se agravam quando as mulheres estão submetidas a um forte estresse emocional ou possuem hábitos alimentares desfavoráveis, como a excessiva ingestão de cafeína, açúcar ou álcool. Podemos incluir ainda o sedentarismo e o estilo de personalidade pouco flexível e dependente que as mulheres apresentam.

O tratamento da menopausa pode incluir a terapia de reposição hormonal, utilização de medicamentos antidepressivos, suplementos vitamínicos e de minerais. Técnicas de administração do estresse e atividades físicas regulares também podem ajudar bastante a restabelecer a energia e a vitalidade e a estabilizar o humor.

HIPERTIREOIDISMO

Ocorre quando a glândula tireóide segrega uma quantidade excessiva de hormônio tireoidiano. Trata-se de um problema sério e potencialmente perigoso, se não for diagnosticado logo no início. Os sintomas podem simular os ataques de ansiedade e incluem a ansiedade generalizada, insônia, cansaço ao menor esforço, pulso acelerado, suores, intolerância ao calor e aumento da atividade intestinal.

Um diagnóstico de hipertireoidismo pode ser precocemente feito por análises de sangue, que revelam a secreção excessiva de hormônios tireoidianos, assim como outras alterações do sangue.

O hipertireoidismo deve ser tratado imediatamente a fim de reduzir a produção hormonal. Os tratamentos incluem o uso de drogas para suprimir e até inativar a glândula tireóide, assim como sua remoção cirúrgica em casos mais graves.

HIPOGLICEMIA (BAIXA DE AÇÚCAR NO SANGUE)

A hipoglicemia ocorre quando os níveis de açúcar no sangue estão abaixo do normal. Nesse estado, as pessoas apresentam muitos sintomas semelhantes aos de acessos de ansiedade, incluindo irritabilidade, tremores, desorientação, aturdimento, espaçamento anormal na fala e até palpitações.

O gatilho alimentar para os episódios hipoglicêmicos é a ingestão excessiva de açúcar simples, como o açúcar branco, mel, produtos com farinha branca, doces como tortas, bolos, sonhos e balas. Quando uma quantidade de açúcar é despejada na circulação sangüínea, a insulina é segregada em doses muito altas. Isso pode ocasionar, realmente, uma queda da taxa de açúcar no sangue a níveis onde ocorrem os típicos sintomas de ansiedade da hipoglicemia. É importante destacar que as quedas no nível de açúcar no sangue também podem ocorrer simplesmente em resposta aos níveis muito elevados de estresse, isso porque o corpo utiliza glicose extra durante esses períodos.

As pessoas que mantêm uma dieta rica em açúcar simples sentem-se, com freqüência, como se estivessem em uma montanha-russa emocional: por um lado alternam-se entre os altos e baixos de ansiedade e irritabilidade, e, por outro, de fadiga e depressão. Tudo ao sabor das flutuações dos níveis de açúcar no sangue.

Uma dieta à base de carboidratos complexos (cereais integrais, frutas, verduras, etc.), combinados com proteínas de alta qualidade como nozes, amêndoas, sementes e peixes, promovem uma lenta absorção da glicose para o sangue, evitando, assim, uma produção excessiva de insulina. Desta maneira, o nível de açúcar no sangue e as emoções mantêm-se estáveis e equilibradas.

ANSIEDADE E DESEQUILÍBRIO IMUNOLÓGICO

Alterações no sistema imunológico (sistema de defesa do organismo) podem causar uma variedade de sintomas psicológicos e físicos.

As alergias são um bom exemplo disso. Quando elas ocorrem é porque o nosso sistema imunológico reagiu de forma excessiva a substâncias inofensivas. As substâncias que mais provocam alergias são: pólen, mofo ou alimentos. As reações alérgicas são facilmente diagnosticadas porque os sintomas ocorrem imediatamente depois do contato com o alergênio (substância que provocou a alergia). Os sintomas imediatos são respiração ruidosa e ofegante, comichão, olhos lacrimejantes, congestão nasal e urticária. Algumas reações alérgicas são demoradas e podem ocorrer horas ou dias após a exposição ao alergênio. Os sintomas retardados incluem ansiedade, depressão, fadiga, vertigem, enxaqueca, dores musculares e nas articulações e eczema.

O tratamento para alergias alimentares e outras inclui, usualmente, a supressão da substância nociva, se possível, ou o uso, por prescrição médica, de aplicações dessensibilizantes. Administrar o estresse também pode ajudar a tratar e impedir as alergias.

ANSIEDADE E DISTÚRBIOS DO SISTEMA CARDIOVASCULAR

O prolapso da válvula mitral é uma enfermidade cardíaca que pode causar episódios de palpitações, dores no peito, respiração ofegante e fadiga, semelhantes ao estado de ansiedade. Parece estar presente com maior freqüência em pessoas com episódios de ansiedade e pânico do que na população geral. É causada por um defeito moderado na válvula mitral, localizada entre a cavidade superior e a inferior do lado esquerdo do coração. Tal defeito faz com que esta válvula não se feche adequadamente e, por conseqüência, o coração é colocado sob tensão, podendo pulsar depressa demais ou irregularmente.

Na maioria absoluta dos casos, o prolapso da válvula mitral é leve, não necessitando de tratamento específico. Nos casos mais graves, os batimentos cardíacos podem ser moderados pelo uso de betabloqueadores, que são medicamentos que diminuem as pulsações e a contratilidade do coração. O estresse excessivo e os estimulantes, tais como bebidas à base de cafeína, devem ser eliminados a fim de se evitarem os episódios de taquicardia. Deficiências de cálcio, magnésio e potássio devem ser evitadas, uma vez que esses minerais essenciais ajudam a regular e reduzir a irritabilidade cardíaca. Por isso, é necessária uma dieta com suficientes quantidades desses nutrientes ou, então, a utilização de suplementos.

Sentir ansiedade é, sem dúvida, uma condição humana inerente a todos nós. No entanto, não adoecermos por excesso dela é uma escolha que podemos fazer.

Ao compreendermos as causas da ansiedade, vemos que, no seu processo de adoecimento, inúmeros fatores se interligam em um intrincado jogo de probabilidades e/ou possibilidades, onde no final todos perdemos algo. Não possuímos o poder de mudar nossa genética, ou mesmo nossa reação "primitiva" de medo e ansiedade. Mas podemos mudar nossa maneira de viver, de nos relacionarmos, de nos cuidarmos, de sermos felizes.

O conhecimento fornecido neste capítulo não visa oferecer justificativas para nossos estados de ansiedade patológicos, mas, sim, criar condições de transcendê-los, com plena consciência das dificuldades e com a certeza de que a força do nosso querer pode fazer toda a diferença entre sentir, eventualmente, ansiedade ou viver e adoecer com ela.

• • •

CAPÍTULO • **10**

É PRECISO SABER VIVER

MEDO

Quem espera que a vida
Seja feita de ilusão
Pode até ficar maluco
Ou morrer na solidão
É preciso ter cuidado
Pra mais tarde não sofrer
É preciso saber viver
Toda pedra do caminho
Você pode retirar
Numa flor que tem espinhos
Você pode se arranhar
Se o bem e o mal existem
Você pode escolher
É preciso saber viver

É preciso saber viver, ROBERTO CARLOS

É PRECISO SABER VIVER

> Não vou dar conta de tanto trabalho. Preciso de férias! Férias de tudo: trabalho, filhos, pais, amigos, tudo mesmo! Estou saturada. Tenho que admitir: não é possível lidar com tudo isso. Preciso de chance para relaxar, parar o jogo, zerar a vida. Mas como, se nunca tenho tempo? Minha vida está escorrendo entre meus dedos, uma vida fluida sobre a qual não tenho o menor controle! Queria gritar, espernear, chorar, socar, sumir... Pra onde? Quando? E depois? Definitivamente estou superestressada!

O relato de Bianca, advogada bem-sucedida de 34 anos, está repleto de refrões muito familiares a todos nós. São os refrões dos cidadãos do século XXI.

A maioria das pessoas se pergunta o que aconteceu com suas projeções futuristas de um século XXI cheio de tecnologia, com menos trabalho, mais prazer, mais igualdade, mais conforto, com carros voadores, robôs realizando todo o trabalho braçal, cheio de muita paz e felicidade. Com certa perplexidade, vamos tocando nossas vidas sem compreendermos muito bem o porquê de tanta expectativa frustrada. Mas não podemos parar: sempre em frente, afinal não temos tempo a perder!

Até que um dia, sem qualquer intenção específica, entramos no cinema para ver um filme qualquer, somente para arejar a cabeça. O filme se passa no início do século

XX, lá pelos idos de 1920. A história revela o cotidiano de uma família comum de classe média, destacando as idéias e as percepções daquela época. Ao final do filme, um sentimento dúbio, de pesar e alegria, nos faz refletir.

Quando olhamos para o mundo de cem anos atrás e vemos uma espécie de inocência e simplicidade, uma onda de nostalgia nos invade a alma. Andar a cavalo ou de charrete, comunicar-se por cartas escritas à mão, participar de saraus, realizar refeições em família, tomar a fresca ao entardecer, não ter excesso de informação o tempo todo... Convenhamos, aquela vida tinha lá o seu charme! Será que trocaríamos o que tínhamos naquela época pelo que temos hoje? Talvez sim, talvez não, tudo depende do quanto valorizamos as "conveniências modernas" em contraposição com a complexidade, a confusão e as pressões da vida atual.

Passadas algumas horas do término do filme, começamos a voltar à realidade e sentenciamos: temos de seguir em frente, pois, de qualquer modo, o tempo não volta e não temos escolha nesse sentido. O século XXI já aconteceu! Ele é a nossa realidade e, gostemos ou não dessa idéia, não há como voltar atrás.

Tudo é um estranho paradoxo. Quanto mais temos coisas à nossa disposição, para facilitar nossas vidas e a nossa rotina, tudo parece ficar cada vez mais difícil. Temos tantos aparelhos para economizar trabalho – máquinas de lavar roupas e louças, fogões a gás e elétricos, aspiradores de pó, microondas, espremedores de frutas, cafeteiras elétricas –, uma variedade interminável de aparelhos domésticos. Temos *fast food* no momento desejado, via tele-entrega, o *pizzafone*, o supermercado via internet, o *bankfone*.

Temos telefones em casa, celulares nas ruas: tudo para que possamos estar em constante contato. Temos carros (e, muitas vezes, vários carros), aviões e metrôs. Temos televisão, *internet*, CDs, DVDs, *Ipods* e MP3. Temos computadores em nosso escritório, em nossas casas, em nossas pastas e em nossas mãos. Em suma: temos muito! Podemos ter muito mais e mais rápido do que nossos cérebros humanos foram projetados para absorver. E dentro desse rodamoinho, da competitividade, da pressa, das exigências, do consumismo sem freio e das inovações constantes da sociedade contemporânea, muitos de nós são tomados pelos sentimentos de medo e ansiedade tão intensos que, às vezes, sentem-se estressados e incapacitados, o que deflagra um "transtorno de ansiedade".

Os transtornos de ansiedade são, de certa forma, os reflexos dos nossos dias; esses dias inacabáveis, que nos fazem pensar que alguma coisa está totalmente fora da ordem. E está mesmo! Em todos os transtornos de ansiedade uma resposta, que era para ser normal e adaptativa, se transforma em um monstro dentro de nós. O monstro é a "ansiedade patológica", que nos causa sintomas como tensão e medo, que são indesejáveis, excessivos e inadequados para a situação em que nos encontramos. Essa ansiedade patológica surge e nos ataca quando não queremos ou quando não faz nenhum sentido. A nossa capacidade de sentir ansiedade e medo é uma benção que pode se tornar uma maldição. É o feitiço virando contra o feiticeiro.

A ansiedade e o medo são respostas emocionais que estão cravadas em nosso DNA, desde que existimos como espécie humana, para nos ajudar a sobreviver. Se nosso cérebro se encontrar em boas condições de funcionamento, estando a nossa ansiedade exatamente no nível certo, ele poderá atingir o máximo de empenho, em diversos desafios, nos mais variados setores de nossas vidas. Se, por outro lado, o nosso cérebro ficar ansioso demais e entrar em pânico em momentos decisivos, nós estaremos com problemas.

O truque é encontrar o nível certo de ansiedade, para que tenhamos uma boa *performance* diante dos obstáculos que a vida nos apresenta. Não é saudável, nem tampouco recomendável, termos níveis de ansiedade altos ou baixos demais. É claro que graduar os níveis de ansiedade para que possamos dar conta de todos os afazeres modernos, sem que tenhamos de adoecer com isso, é um desafio e tanto! Talvez o maior de todos, desses nossos tempos tão estressados. Para tanto, necessitamos do mais valioso bem que uma pessoa pode possuir: o conhecimento. O autoconhecimento nos traz o saber e este, o poder de nos transformarmos em pessoas melhores e mais felizes.

Do ponto de vista tipicamente psicológico, o homem moderno não é muito diferente de seus remotos antepassados. Nossas estruturas neurobiológicas ainda são as mesmas; assim que detectam sinais de ameaça ou perigo – através de nossa forma de avaliar cognitivamente (conscientemente) as situações vividas –, reações neuroendócrinas são disparadas em frações de segundos, predispondo o organismo a enfrentar o perigo real ou imaginário, mas do mesmo modo temido. Dessa forma, o medo, ou a ansiedade, nos torna aptos à ação, estimulando cautela em nossas escolhas e comportamento. Faz-nos vibrar e nos mantêm vivos.

Considerando que viver é deparar o tempo todo com um incalculável número de novidades, riscos, acertos e erros, podemos concluir que se quisermos realmente mudar nossas vidas, teremos de descobrir um jeito de estabelecer uma relação amigável com esses sentimentos. Caso contrário, só nos restará a resignação de viver um estilo de vida ansioso, conflitivo e adoecedor. Afinal de contas, pelo menos em matéria da reação do medo, e parodiando o cantor e compositor Belchior, "ainda somos os mesmos e vivemos como nossos ancestrais!"

Mesmo com todos os avanços terapêuticos conquistados pelas neurociências nos últimos anos, seja no aspecto medicamentoso ou na abordagem cognitivo-comportamental da psicologia, ainda temos de lidar com a certeza de que viver é um significativo caminho terapêutico, que nos confronta com o medo e nos impele na direção do autoconhecimento e do amadurecimento.

O preço a pagar para se viver uma vida que valha a pena é alto, muito alto, mas precisamos e devemos pagar. Pensando bem, as coisas que são realmente importantes na vida geralmente nos pegam desprevenidos em uma terça-feira cinzenta qualquer. Assim, é necessário transformar as experiências de medo e de ansiedade em algo frutífero, que nos ajude a revelar novas versões da vida, a partir da compreensão de nossas próprias identidades, num processo simultâneo de reestruturação e construção.

É o exercício mágico e transcendente de se reinventar a cada supetão de sofrimento.

• • •

BIBLIOGRAFIA

ABREU, Cristiano Nabuco de *et al*. *Síndromes Psiquiátricas: diagnóstico e entrevista para profissionais de saúde mental*. Porto Alegre: Artmed, 2006.

AMERICAN PSYCHIATRIC ASSOCIATION. *Diagnostic and Statistical Manual of Mental Disorders*, 4 ed., Text Revision. Washington, DC: American Psychiatric Association, 2000.

AMERICAN PSYCHIATRIC ASSOCIATION. *DSM IV. Manual diagnóstico e estatístico de transtornos mentais*. Trad. Dayse Batista, 4 ed. Porto Alegre: Artmed, 1995.

ANDREASEN, N. C. Post-traumatic stress disorder. In: *Comprehensive Texbook of Psychiatry IV* (ed. by Freedman, Kaplan, Sadock). Baltimore: Williams and Wilkins, Volume I, p. 918-924, 1984.

ANDREASEN, N. C. *The Broken Brain: The Biological Revolution in Psychiatry*. New York: Harper and Row, 1984.

ARANTES, Maria Auxiliadora de Almeida e VIEIRA, Maria José Fermenias. *Estresse*. São Paulo: Casa do Psicólogo, 2002.

ASBAHN, F.; ITO, l.; MORITZ, K.; RANGÈ, B. P. Transtorno Obsessivo-Compulsivo. In: Rangè, B. (Org.). *Psicoterapias Cognitivo-Comportamentais: Um diálogo com a psiquiatria*. Porto Alegre: Artmed, 2001.

BALLONE, G. J. *Transtorno por Estresse Pós-Traumático*. In: PsiqWeb, Internet, disponível em http://www.psiqweb.med.br, revisto em 2005.

BAXTER, L. R. *et al*. "Caudate glucose metabolic rate changes with both drug and behavior therapy for obsessive-compulsive disorder": *Archives of General Psychiatry*, v. 49, p. 681-9, 1992.

BECK, J. S. *Terapia Cognitiva: Teoria e Prática*. Porto Alegre: Artmed, 1997.

BESSET, Vera Lopes (org.). *Angústia*. São Paulo: Escuta, 2002.

BLANCHARD, D. C.; BLANCHARD, R. J. "Ethoexperimental approaches to the biology of emotion". *Annual Reviews of Psychology*, v. 39, p. 43-68, 1988.

BOLLES, R. C.; FANSELOW, M.S. "A perceptual defensive-recuperative model of fear and pain". *Behavioral. Brain Research,* v. 291-323, 1980.

BRAWMAN, M. O.; LYDIARD, R. B.; EMMANUEL N. *et al*: "Psychiatric comorbidity in patients with generalized anxiety disorder". *American Journal of Psychiatry,* 150:1216-1218, 1993.

BREMNER, J. D.; MARMAR, C. R. *Trauma, Memory, and Dissociation*. Washington, DC: American Psychiatric Press, 1998.

BRESLAU, N.; DAVIS G. C.; "Posttraumatic stress disorder in an urban population of young adults: risk factors for chronicity". *American Journal of Psychiatry,* 149671-675, 1992.

BRESLAU, N.; KESSLER R. C.; CHILCOAT, H. D, *et al*: "Trauma and posttraumatic stress disorder in the community: the 1996 Detroit Area Survey of Trauma". *Archives of General Psychiatry*, 55:626-632, 1998.

BROWN, T.; O'LEARY, T. A.; BARLOW, D. H. Transtorno de Ansiedade Generalizada. In: BARLOW, D. H. (org.). *Manual Clínico dos Transtornos Psicológicos*. 2 ed. Porto Alegre: Artmed, 1999.

BRUCE, M. "Anxiogenic effects of caffeine in patients with anxiety disorders". *Archives of General Psychiatry*, 1992; 49:967-69.

BRUCE, M.; LADER, M. "Caffeine abstention in patients with anxiety disorders." *Psychological Medicine*, 1989; 19:211-14.

BUTLER, G. "Distúrbios Fóbicos". In: HAWTON, K. *et al*. *Terapia Cognitivo-Comportamental para Problemas Psiquiátricos: Um Guia Prático*. São Paulo: Martins Fontes, 1997.

CAMINHA, R. M. "Transtorno de estresse pós-traumático." In: KNAPP, P. (colaboradores). *Terapia Cognitivo Comportamental na prática psiquiátrica*. Porto Alegre: Artmed, 2004.

CHAMBLESS, D. L.; GILLIS, M. M. "Cognitive Therapy of Anxiety Disorders". *Journal of Consulting and Clinical Psychology*, v. 61, n. 2, p. 248-260, 1993.

CHOU, Tony. "Wake up and smell the coffee: caffeine, coffee and the medical consequences". *The Western Journal of Medicine*, 1992; 157(5):544-53.

CLARK, M. D. "Estados de Ansiedade: Pânico e Ansiedade Generalizada." In: HAWTON, K. *et al*. *Terapia Cognitivo-Comportamental para Problemas Psiquátricos: Um Guia Prático*. São Paulo: Martins Fontes, 1997.

CORDIOLI, A. V. "Transtorno Obsessivo-compulsivo." In: KNAPP, P. (colaboradores). *Terapia Cognitivo Comportamental na prática psiquiátrica*. Porto Alegre: Artmed, 2004.

COSTA, M. R.; LANNA, A. "Fobias específicas." In: RANGÈ, B. (org.). *Psicoterapias Cognitivo-Comportamentais: Um diálogo com a psiquiatria*. Porto Alegre: Artmed, 2001.

CRUZ, A. P. M.; ZANGROSSI JR., H.; GRAEFF, F. G. Psicobiologia da Ansiedade. In: RANGÈ, B. (org.). *Psicoterapia Comportamental e Cognitiva: Pesquisas, Prática, Aplicações e Problemas*. Campinas: Editorial Psy, 1998.

DALTON, K. "Diet of women with severe premenstrual syndrome and the effect of changing to a three-hourly starch diet". *Stress Medicine*, 1992; 8:544-53.

DARWIN, C. *A expressão das emoções no homem e nos amimais*. São Paulo: Companhia das Letras, 2000.

DAVIDSON, J. R.; HUGHES, D. L.; GEORGE L. K. *et al*: "The epidemiology of social phobia: findings from the Duke Epidemiological Catchment Area Study". *Psychological Medicine,* 1993; 23:709-718.

DAWKINS, R. *The Selfish Gene*. 2 ed. New York: Oxford University Press, 1989.

DEWIT, D. J.; OGBORNE, A.; OFFORD, D. R. *et al*: "Antecedents of the risk of recovery from DSM-III-R social phobia". *Psychological Medicine,* 1999; 29:569-582.

FALCONE, A. "Fobia Social". In: RANGÈ, B. (org.). *Psicoterapia comportamental e cognitiva de transtornos psiquiátricos*. Campinas: Editorial Psy, 1995.

FALCONE, A.; FIGUEIRA, I. "Transtorno de ansiedade social". In: RANGÈ, B. (org.). *Psicoterapia comportamental e cognitiva de transtornos psiquiátricos*. Campinas: Editorial Psy, 1995.

FANSELOW, M. S. "The midbrain periaqueductal gray as coordinator of action in response to fear and anxiety". In: DEPOULIS, A.; BLANDER, R. (Eds.). *The midbrain periaqueductal gray matter: functional, anatomical and immunohistochemical organization.* New York: Plenum, 19991, p.151-73.

FLINT, A. J. "Epidemiology and comorbidy of anxiety disorders in the elderly". *American Journal of Psychiatry,* 151:640-649, 1994.

FONTANA, Antônio Matos. *Manual de Clínica em Psiquiatria*. São Paulo: Atheneu, 2005.

FREUND, G. "Benzodiazepine receptor loss in brains o mice after chronic alcohol consumption". *Life Sciences*, 1980; 27(11):987-92.

GORMAN, J. M.; KENT, J. M.; SULLIVAN, G. M.; COLPLAN, J. D. "Neuroanatomical hypothesis of panic disorder, revised". *American Journal of Psychiatry*, 157:493-505, 2000.

GRAEFF, F. G. "Medicamentos ansiolíticos". In: GRAEFF, F. G.; GUIMARÃES, F. S. (Eds.). *Fundamentos de psicofarmacologia*. São Paulo: Atheneu, 1999. p. 123-60.

GRAEFF, F. G.; GUIMARÃES, F. S.; DEAKIN, J. F. W. "Serotonina, a molécula da ansiedade e da depressão". *Ciência Hoje*, v. 16, p. 50-8, 1993.

GRAEFF, F. G.; TOMAZ, C. "Emotion and memory". *Behavioral Brain Research*, v. 58, 1993.

GRAEFF, F. G. "Imagens da ansiedade". *Ciência Hoje*, v. 9, p. 13, 1989.

GRAY, J. A. *The neuropsychology of anxiety*. New York: Oxford University, 1982.

GRAY, J. A.; MCNAUGHTON, N. *The neuropsychology of anxiety*. 2. ed. Oxford: Oxford University, 2000.

GREENBERGER, D.; PADESKY, C. A. *A Mente Vencendo o Humor.* Porto Alegre: Artmed, 1999.

GUIMARÃES, F.; RANGÈ, B. "Fobias específicas". In: RANGÉ, B. (org.). *Psicoterapia comportamental e cognitiva de transtornos psiquiátricos*. Campinas, SP: Editorial Psy, 1995.

HELDT, E.; MANFRO, G. G.; SHINORARA, H. "Transtorno do Pânico". In: KNAPP, P (colab.). *Terapia Cognitivo Comportamental na prática psiquiátrica*. Porto Alegre: Artmed, 2004.

HOEHN-SARIC, R.; HAZLETT R. L.; MCLEOD, D. R. "Generalized anxiety disorder with early and late onset of anxiety symptoms". *Compr. Psychiatry,*

HOLANDER, Eric; SIMEON, Daphne. *Transtornos de Ansiedade*. Porto Alegre: Artmed, 2004.

HOLLANDER, E.; BIENSTOCK, C.; PLLANTI, S., *et al*: "Refractory obsessive-compulsive disorder: state of-the-art treatment". *Journal of Clinical Psychiatry*, 63 (suppl. 6):20-29, 2002.

JOHNSON, J.; WEISSMAN, M. M.; KLERMAN G. L. "Panic disorder, comorbidity, and suicide attempts". *Archives of General Psychiatry*, 47:805-808, 1990.

KAPCZINSK, F.; MARGIS, R. Transtorno de ansiedade generalizada. In: KNAPP, P. (colab.). *Terapia Cognitivo Comportamental na prática psiquiátrica*. Porto Alegre: Artmed, 2004.

KATSCHING, H.; AMERING, M.; STOLK, J. M. *et al*: "Long-term follow-up after a drug trial for panic disorder". *British Journal of Psychiatry*, 167:487-494, 1995.

KESSLER, R. C.; SONNEGA, A.; BROMET, E. *et al*: "Posttraumatic stress disorder in the National Comorbidity Survey". *Archives of General Psychiatry*, 52:1048-1060, 1995.

KING, D. S. "Can allergic exposure provoke psychological symptoms? A double-blind test." *Biological Psychiatry*, 1981; 16(1):3-19.

KITCHER, P. *The Lives to Come: The Genetic Revolution and Human Possibilities*. New York: Simon and Schuster, 1996.

LEDOUX, J. *O cérebro emocional: os misteriosos alicerces da vida emocional*. Rio de Janeiro: Objetiva, 1998.

LEDOUX, J. *The Emotional Brain*. New York: Simon and Schuster, 1996.

LEONARD, B. E.; MILLER, K. *Stress, the Immune System and Psychiatry*. Chichester, UK: John Wiley and Sons, 1995.

LEPINE, J. P.; CHIGNON, J. M.; TEHERANI, M. "Suicide attempts in patients with panic disorder". *Archives of General Psychiatry*, 50:144-149, 1993.

LESOURD, Serge. *A construção adolescente no laço social*. Petrópolis: Vozes, 2004.

LIPP, Marilda E. N. (org.). *Mecanismos neuropsicofisiológicos do stress: teoria e aplicações clínicas*. São Paulo: Casa do Psicólogo, 2003.

LIPSITZ, J. D.; MARKOWITZ, J. C.; CHERRY, S, *et al*: "Open trial of interpersonal psychotherapy for the treatment of social phobia". *American Journal of Psychiatry*, 156:1814-1816, 1999.

LYON, J.; GORNER, P. *Altered Fates: Gene Therapy and the Retooling of Human Life*. New York: WW Norton, 1995.

MARI, Jair de Jesus. *et al*: *Guia de Psiquiatria*. São Paulo: Manole, 2002.

MASCI, C.; RANGÈ, B. "Transtorno de estresse pós-traumático". In: RANGÈ, B. (org.). *Psicoterapias Cognitivo-Comportamentais: Um diálogo com a psiquiatria*. Porto Alegre: Artmed, 2001.

MATAIX-COLS, D.; RAUCH, S. L.; MANZO, P. A. *et al*.: "Use of factor-analyzed symptom dimensions to predict outcome with serotonin reuptake inhibitors and placebo in the treatment of obsessive-compulsive disorder". *American Journal of Psychiatry,* 156:1409-1416, 1999.

MAY, Rolle. *O homem à procura de si mesmo*. Petrópolis: Vozes, 2002.

MAZURE, C. M. *Does Stress Cause Psychiatric Illness?* Washington, DC: American Psychiatric Press, 1995.

MCEWEN, B. S.; GOULD, E.A.; SAKAI, R. R. "The vulnerability of the hippocampus to protective and destructive effects of glucocorticoids in relation to stress". *British Journal of Psychiatry*, 160: 18-24, 1992.

MCGUIRE, M. T.; TROISI, A. *Psichiatria darwiniana*. Roma: Giovanni Fioriti, 2003.

MEDINA, J. H.; PALADINI, A. C.; IZQUIERDO, I. "Naturally occurring benzodiazepines and benzodiazepine-like molecules in brain". *Behavioral Brain Reserch*, v. 58, p. 1-8, 1993.

NETO, Tito Paes de Barros. *Sem medo de ter medo: um guia prático para ajudar pessoas com pânico, obsessões, compulsões e estresse*. São Paulo: Casa do Psicólogo, 2002.

NOYES, R. Jr.; CLANCY, J.; WOODMAN, C. *et al*.: "Environmental factors related to the outcome of panic disorder. A seven-year follow-up study". *Journal of Nervous and Mental Disorders,* 181:529-538, 1993.

O'ROURKE, D.; FAHY T. J.; BROPHY, J. *et al*.: "The Galway study of panic disorder. III. Outcome at 5 to 6 years". *British Journal of Psychiatry,* 168:462-469, 1996.

PEREIRA, A. L. S. *Construção de um Protocolo de Tratamento para o Transtorno de Ansiedade Generalizada.* 2005. Tese de mestrado. UFRJ - Rio de Janeiro

PINEL, John P. J. *Biopsicologia*. Porto Alegre: Artmed, 2005.

PRATT, J. A. "The neuroanatomical basics of anxiety". *Pharmacological Therapy*, v. 55, p. 149-81, 1992.

RANGÈ, B. P. (org). *Terapia Cognitivo-Comportamental: um Diálogo com a Psiquiatria*. Porto Alegre: Artmed, 2001.

RANGÈ, B. P. (org.). *Psicoterapia comportamental e cognitiva de transtornos psiquiátricos*. Campinas, SP: Editorial Psy, 1995.

RANGÈ, B. P. (org.). *Psicoterapia comportamental e cognitiva: pesquisa, prática, aplicações e problemas*. Campinas, SP: Editorial Psy, 1995.

RANGÈ, B. P.; BERNIK, M. A. "Transtornos do Pânico e Agorafobia". In: RANGÈ, B. (org.). *Psicoterapias Cognitivo-Comportamentais: Um diálogo com a psiquiatria*. Porto Alegre: Artmed, 2001.

RASKIN, M.; PEEKE, H. V. S.; DICKMAN, W. et al.: "Panic and generalized anxiety disorders: developmental antecedents and precipitants". *Archives of General Psychiatry*, 39:687-689, 1982.

RATEY, J. J. *O cérebro: um guia para o usuário*. Rio de Janeiro: Objetiva, 2002.

SALKOVSKIS, Kirk J. Distúrbios Obsessivos. In: HAWTON, K. *et al.*: *Terapia Cognitivo-Comportamental para Problemas Psiquátricos: Um Guia Prático*. São Paulo: Martins Fontes, 1997.

SAPOLSKY, R. M. "Why stress is bad for your brain". *Science*, v. 273, p. 749-50, 1996.

SARTRE, Jean-Paul. *A náusea*. Rio de Janeiro: Record, 1996.

SARTRE, Jean-Paul. *O Ser e o Nada*. Petrópolis: Vozes, 2000.

SCHNEIER F. R.; HECKELMAN L. R.; GARFINKEL, R. *et al*: "Functional impairment in social phobia". *Journal of Clinical Psychiatry*, 55:322-331, 1994.

SCRIGNAR, C. B. *Post-Traumatic Stress Disorder: Diagnosis, Treatment, and Legal Issues*. New York, Praeger, 1984.

SERVAN-SHRELKER, David. *Curar o stress, a depressão e a ansiedade*. São Paulo: Sá, 2004.

SHINOHARA, H.; NARDI, A. E. Transtorno de Ansiedade Generalizada. In: RANGÈ, B. (org.). *Psicoterapias Cognitivo-Comportamentais: Um diálogo com a psiquiatria*. Porto Alegre: Artmed, 2001.

SILVA, Ana Beatriz B. *Mentes & Manias: entendendo melhor o mundo das pessoas sistemáticas, obsessivas e compulsivas*. São Paulo: Gente, 2004.

SOBER, E.; WILSON, D. S. *Unto Others: The Evolution and Psychology of Unselfish Behavior*. Cambridge, Mass: Harvard University Press, 1998.

STEIN, M. B.; KEAN, Y. M. "Disability and quality social phobia: epidemiologic findings". *American Journal of Psychiatry,* 157:1606-1613, 2000.

URSANO, R. J.; MCMAUGHEY, B. G.; FULLERTON, C. S. *Individual and Community Response to Trauma and Disaster.* Cambridge, UK: Cambridge University Press, 1994.

WIELENSKA, R. C.; ARAÚJO, I. A. B.; BERNIK, M. A. "Transtornos obsessivo-compulsivos". In: RANGÈ, B. (org.). *Psicoterapia comportamental e cognitiva de transtornos psiquiátricos*. Campinas: Editorial Psy, 1995.

WITTCHEN, H. U.; CARTER, R. M.; PFISTER, H. *et al.*: "Disabilities and quality of life in pure and comorbid generalized anxiety disorder and major depression in a national survey". *International Clinical Psychopharmacol,* 15:319-328, 2000.

WITTCHEN, H. U.; ZHAO, S.; KESSLER, R. C. *et al.*: "DSM-III-R generalized anxiety disorder in the National Comorbidy Survey". *Archives of General Psychiatry,* 51:355-364, 1994.

WOODMAN, C. L.; NOYES, R.; BLACK D. W. *et al.*: "A 5-year follow-up study of generalized anxiety disorder and panic disorder". *Journal of Nervous and Mental Disorders,* 187:3-9, 1999.

YEHUDA, R. "Neuroendocrinology of trauma and PTSD". In: YEHUDA, R. (Ed.). *Psychological trauma*. Washington: American Psychiatric Press, 1998, p. 97-132.

ZLOTNICK, C.; WARSHAW, M.; SHEA, M. T. *et al.*: "Chronicity in post-traumatic stress disorder (PTSD) and predictors of course of comorbid PTSD in patients with anxiety disorder". *Journal of Trauma Stress,* 12:89-100, 1999.

PARA INFORMAÇÕES, CONVITES PARA PALESTRAS, CONFERÊNCIAS E CONSULTAS:

Dra. Ana Beatriz Barbosa Silva
MEDICINA DO COMPORTAMENTO

e-mail: contato@medicinadocomportamento.com.br

Homepage: www.medicinadocomportamento.com.br